Eric Baret
de Pilon

PARIS-DAKAR

JACQUES POTHERAT

PARIS-DAKAR

EDITIONS FRANCE-EMPIRE
68, rue Jean-Jacques-Rousseau — 75001 PARIS

Documents de la couverture :

— Claude Brasseur, photo P. Habans / *Sygma.*
— Document *Poch S.A. / Lada Niva.*
— Cyril Neveu sur Honda XL 500 K. Photo Christian Lacombe / *Moto Journal.*

Vous intéresse-t-il d'être tenu au courant des livres publiés par l'éditeur de cet ouvrage ?

Envoyez simplement votre carte de visite aux

EDITIONS FRANCE-EMPIRE
Service « Vient de paraître »
68, rue J.-J.-Rousseau, 75001 Paris,

et vous recevrez, régulièrement et sans engagement de votre part, nos bulletins d'information qui présentent nos différentes collections, que vous trouverez chez votre libraire.

IMPRIMÉ EN FRANCE

Pour Quentin et Adélaïde, et leur ami « le chameau du désert ».

PREFACE

POUR REMETTRE LES PENDULES A L'HEURE

En février 1980, nous étions, Jacky Ickx et moi, aux sports d'hiver. Nous regardions un reportage à la télévision sur Paris-Dakar. Un copain nous a lancé, en nous guettant du coin de l'œil : « J'en connais deux, si c'étaient pas des dégonflés, voilà ce qu'ils devraient faire. Puisqu'ils aiment le sport et l'aventure... »

Jacky et moi, nous l'avons pris au mot. Un quatrième larron, le patron de Texaco Belgique s'est piqué au jeu et a promis de nous aider. Nous avons passé toute la soirée à délirer. On se voyait déjà accrochés à un baobab, dévorés par les vautours. Le lendemain, sur les pistes de ski, dans un état un peu plus frais, on nous a posé la question fatale : « Alors les gars votre histoire de Dakar, c'est sûr ou c'est du bidon ?

— Nous, on ne se déballonne pas, avons-nous répondu en chœur. » Et c'est comme ça que nous sommes partis dans l'aventure du Paris-Dakar 1981, puis du Paris-Dakar 1982. Et que nous sommes encore au

départ avec notre Mercedes pour le Paris-Dakar 1983...

L'Afrique, ne doit pas être le terrain de jeu des Européens. Sans vouloir faire un vilain jeu de mots, nous les « toubabs », nous ne sommes jamais « blancs » en Afrique dans nos rapports avec des Noirs. Nous débarquons en trombe avec des voitures couvertes d'étiquettes, bourrées de trésors. Et nous côtoyons des gens qui vivent d'une poignée de dattes et d'un verre d'eau. Et encore, ce verre d'eau, ils le mendient sur le bord de la piste, dans le Sahel desséché. Encore à demi-nus, ils sont encore en plein Moyen Age. Leur existence est rythmée à deux à l'heure. On ne doit pas parler de civilisation « reculée ». Je n'aime pas ce mot, pas plus que le mot « retard ». Si l'on doit absolument les comparer avec nous, disons que ce sont des gens « différents ».

Pour les Africains nous sommes une véritable troupe de Martiens, et notre passage les trouble profondément. Ils savent pourtant, eux qui n'ont rien, être généreux avec nous : un arbre fait de l'ombre ? Alors ils se poussent pour nous en donner la moitié.

C'est pour cela qu'il faut éviter de faire du misérabilisme en pleurant sur le sort des concurrents qui ont peu de moyens. Le seul fait d'avoir réuni le minimum d'argent pour un Paris-Dakar, représente déjà une fortune pour un Africain.

Le racisme a été pour moi une grande révélation. Pourtant il existe partout, même à l'intérieur de mon métier. On classe les acteurs de théâtre, à part des acteurs de télévision, ou de cinéma. On ne peut pas admettre que quelqu'un puisse dans ce métier, utiliser tous les moyens d'expression modernes. Dans un autre domaine, un pilote comme Jacky Ickx « doit » rester dans ses spécialités de Formule 1 ou d'endurance. Et pourtant ce brassage de gens d'origines très différentes est une des originalités, un des attraits essentiels de Paris-Dakar. De parfaits inconnus comme Marty et Cazalot peuvent y faire leur trou. Des gens comme Christine Caron, Roland Bertranne s'y insèrent sans aucun problème. Les frères Marreau sont des gens à part : ils vivent dans le désert et le rallye passe chez eux. La petite Marie Ertaud dont la moto s'en va en mille morceaux a toujours le sourire, quoi qu'il arrive. Et René Metge ressemble à son visage : il est bien !

En fait, je me suis aperçu que le racisme entre Blancs et Noirs était un phénomène essentiellement citadin. En pleine brousse, les rapports changent et deviennent normaux. On se parle. On partage. On s'entraide. Les Arabes ou les Noirs, habitués au désert ne comprennent d'ailleurs pas que l'on puisse passer devant un concurrent en panne sans s'arrêter.

D'ailleurs, les « vrais de vrais » du Paris-Dakar donnent des coups de main. L'an dernier, quand nous étions définitivement en panne dans le sable, les gens s'arrêtaient et s'inquiétaient pour nous.

Quand on fait tous les soirs la queue devant la cuisine roulante, gamelle à la main, il n'y a pas de gros bras, pas de préséance. On attend son tour et on discute le coup. Eh bien, à peine franchie la ligne d'arrivée dans Dakar, les motards et les automobilistes ont commencé à s'engueuler : « Barre-toi avec ta caisse ! » Comme à Paris.

Les motards font pratiquement une autre compétition que la nôtre. Une compétition bien plus angoissante. C'est la différence qu'il peut y avoir entre une course en mer en équipage, et une course en solitaire. La solitude est un sentiment qui fait certainement perdre énormément de moyens. Si notre moteur casse, nous avons quand même notre voiture. C'est une sorte de petite maison rassurante. Et puis en voiture nous sommes deux. On peut se parler ; on peut s'aider. Un gars tout seul, même sur une moto qui marche bien, doit ressentir de terribles moments de solitude.

Tout est plus difficile à moto. Surtout pour les privés. On les voit dès le départ : « Dis, Claude, tu peux me prendre ça ? » Et ils glissent dans les voitures, au petit bonheur et à la chance, des pièces qu'ils ne retrouveront peut-être jamais. A moto, la seule façon de ne pas être seul, c'est d'attendre quelqu'un. Donc de perdre du temps. Physiquement je pourrais peut-être faire Paris-Dakar à moto. Mais psychologiquement je ne le pourrais pas. D'ailleurs, j'ai remarqué que chez les marins, les « solitaires » étaient des gens très à part.

Je fais souvent un parallèle entre Paris-Dakar et la mer. Cette épreuve que l'on surnomme parfois la « Transat des sables » n'est pas très éloignée de l'esprit des grandes courses en mer.

J'aime les trois endroits de la nature où l'on côtoie le danger : la montagne, la haute mer, et la traversée du désert. Ce sont des lieux privilégiés. Perdu en mer, on risque sa vie. En montagne et dans le désert c'est pareil. Il faut être très solidaire, très attentif. La mer ce n'est pas le golfe de Saint-Tropez, Megève n'est pas la montagne, et la traversée du désert n'a rien à voir avec la croisière verte, où les chemins de grande randonnée.

On ne peut pas se dire : « Si jamais je me paume, à 20 kilomètres je trouve un village et un bistrot. » Une fois dans le désert il n'y a rien. On peut mourir de faim, mourir de soif. On ne serait pas les premiers...

Des milliers de gens ont traversé l'Atlantique. Et pour tout le monde il y a eu le moment où l'on « ne voit plus la côte ». C'est là qu'il faut y aller de toute son âme. Le désert c'est pareil.

Nous sommes — c'est devenu un lieu commun de le dire — dans la « civilisation des loisirs ». Nous avons du temps libre. Il faut l'occuper si possible intelligemment. Paris-Dakar est une occupation saine. C'est une manière de se nettoyer. De remettre les pendules à l'heure. C'est ce que d'autres cherchent dans l'effort physique, chacun à sa mesure, en pédalant autour de Longchamp ou dans un trekking en Himalaya.

Dans Paris-Dakar, il y a trois choses : le règlement, l'assistance et l'esprit. Il ne faut surtout pas que l'esprit change. La formule de Thierry Sabine est peut-être maintenant une formule toute faite, mais elle a du bon. Ce rallye doit d'abord être réservé aux amateurs ; et les professionnels doivent y trouver leur place. Mais le règlement ne doit pas trop évoluer pour donner une place prépondérante aux usines. Il faut niveler par le bas, sinon on court le risque de devenir comme les rallyes du championnat du monde : le champ clos où s'affrontent les « pros ». Sans aventure, le Paris-Dakar n'existe pas.

Paris-Dakar doit rester une compétition, et non pas un raid. Je crois que d'année en année le règlement progresse. Nous en sommes maintenant à la cinquième édition. Il faut changer les itinéraires chaque année. Les erreurs précédentes doivent être prises en compte.

C'est la plus longue course automobile et motocycliste du monde. Aucune autre épreuve ne dure aussi longtemps : près de trois semaines. Et cette année il y aura une étape de 2 500 kilomètres ! Il ne faudra pas s'arrêter, et foncer, foncer jusqu'à l'arrivée. Etre le plus tôt possible à l'étape pour récupérer, et réparer. La seule véritable difficulté physique du rallye, c'est le manque de sommeil.

Dans un rallye aussi long, le pilote et le navigateur forment un couple enchaîné l'un à l'autre pour le meilleur et pour le pire. Nous sommes, Jacky Ickx et moi, logés à la même enseigne que les autres. Il faut savoir se partager le travail et chacun doit avoir une confiance absolue dans l'autre. Et chacun doit savoir assumer ses responsabilités, et ses erreurs. A Gao, en 1982, par exemple, nous avons pris cinq heures de pénalisation pour une erreur de direction à une fourche. Même si cette étape ressemblait surtout à un jeu de piste pour boy-scout, j'assume ma faute de navigation. Je ne suis pas un Africain. Avant Paris-Dakar, je n'avais jamais mis les pieds en Afrique. Mais nous avons quand même gagné huit étapes au scratch et j'y suis quand même pour quelque chose. Nous avons bien travaillé tous les deux..

Et quand il y a un pépin, quand on crève, nous mettons la main à la pâte comme tout le monde. Avec la voiture qui vacille sur le cric planté dans le sable fluide. Ou à quatre pattes dans les épineux. Personne ne tombe du ciel pour nous tirer de là.

Les différences existent avant la course. Certains trouvent de meilleurs sponsors que d'autres. Des équipages ont des assistances plus importantes que d'autres. Mais une fois que l'on est en face de la piste, le terrain est le même pour tous. C'est pour cela que l'on fait ce sport.

Et pourquoi pas, dans une autre optique, ne ferais-pas un jour la course en camion. Assurer l'assistance de quelqu'un c'est une autre manière, tout aussi valable, que de courir, de vivre le Paris-Dakar. Et pourquoi ne pas partir avec un type comme Groine ? C'est un bon vivant qui sort toujours de son énorme congélateur tout un tas de victuailles. C'est sympa en plein désert de pouvoir déguster une andouillette grillée arrosée d'un bon coup de rouge. Après tout, c'est ça aussi Paris-Dakar, nous ne sommes pas entrés dans un couvent... Et quand les frères jumeaux Deleforterie nous sortaient leurs bouteilles de champagne chaudes à en crever, c'était quand même bon.

Je serais fier de gagner Paris-Dakar avec Jacky Ickx. Pour moi la course n'est pas un dérivatif, un défoulement. C'est un rôle comme un autre. Quand l'un de mes personnages est réussi, je suis satisfait. Et il m'arrive parfois d'en rater. J'aime bien gagner au football. J'aimerais bien que nous soyons les premiers à Dakar.

Claude BRASSEUR.

Studio de Billancourt, pendant le tournage de « La Boum 2 ». Septembre 1982.

INTRODUCTION

LES CHIENS ABOIENT LA CARAVANE PASSE

« Paris-Dakar ? Mais voyons mon cher, ce n'est pas un rallye. » Le petit doigt en anse de panier, la bouche en cœur le milieu de la compétition « sérieuse » crache unanimement sur le Paris-Dakar. Alors, si cette course automobile de 10 000 kilomètres n'est pas un rallye, qu'est-ce que c'est ?

Enfanté dans la douleur, au début du siècle, par les pionniers de l'automobile, le « rallye » avait une ambition simple : il s'agissait de rallier en automobile, une capitale à une autre. Avec armes, car sévissaient encore de redoutables bandits de grands chemins. Et avec bagages, car il ne fallait compter que sur soi-même ! En l'absence de toute assistance, les rallyemen poussaient à la roue, plus souvent qu'à leur tour. Au-delà d'une simple performance humaine, il s'agissait de proclamer à la face d'un monde éberlué que les automobiles étaient solides. C'était noble, grandiose et authentique.

Il y eut d'abord Paris-Versailles, la première course automobile. Puis Paris-Rouen, Paris-Vienne, New York-Paris, Pékin-Paris, et le Rallye de Monte Carlo.

De plus en plus vite, les voitures vont de plus en plus loin. Le progrès repousse sans cesse les limites de l'exploit. Alors il faut continuellement allonger les distances pour que le rallye conserve son prestige. C'est le succès de Paris-Dakar.

Aux temps héroïques, les concurrents se frayaient un chemin à larges coups de pelle. Dans les neiges les voitures s'enfonçaient jusqu'aux moyeux. Les ponts vermoulus cédant sous les roues précipitaient les voitures vers d'effroyables abîmes. Des forgerons de rencontre cognaient à tour de bras sur des bouts d'acier incandescent pour inventer d'introuvables pièces détachées. Et, le dernier arrivé de l'épreuve était quand même fêté en héros. Comme à Paris-Dakar.

La déliquescence des mœurs automobiles et l'embourgeoisement d'un règlement ont précipité les rallyes européens dans un état de dégénérescence avancée. Ils ne signifient plus grand chose.

Rallier Dakar depuis Paris par des voies sauvages est incontestablement un rallye automobile. Rallier Monte-Carlo depuis de « lointaines » capitales européennes comme Londres, Paris ou Lisbonne en respectant la vitesse limite, les feux rouges — comme vous et moi — sur le parcours de liaison est une plaisanterie. Voire une supercherie. Les vacanciers — caravane attelée aux fesses — font le même trajet chaque année sans se prendre pour des surhommes...

Le jour où les concurrents du Rallye de l'Acropole, des Mille Lacs ou de n'importe quelle autre épreuve comptant pour le championnat du monde des rallyes seront obligés de se battre pour la dixième fois d'une longue journée avec leurs démonte-pneus, sous peine de rester sur le carreau, ce jour-là seulement, ils seront redevenus de véritables rallyemen.

Les distances démesurées, l'obligation de faire la course comme les concurrents, pour les équipes d'assistance, nivellent les chances. L'exploit des concurrents n'en est que plus méritoire. Ainsi, les frères Bernard et Claude Marreau sont d'excellents pilotes africains, d'accord, mais également d'habiles mécaniciens. Mieux, ils ont participé eux-mêmes à la construction d'une voiture qu'ils connaissaient du bout des doigts. C'était l'un des secrets de leur victoire.

Le succès de Paris-Dakar dérange tout le monde. Tant mieux. L'épreuve tombe en même temps que le rallye de Monte-Carlo. Le vieux rallye est éclipsé totalement par « le Dakar ». C'est un signe.

Rouler sur les routes de notre vieille Europe n'est plus une performance pour personne. Encore moins une aventure. Alors pour rêver il faut de l'exotisme : quoi de plus beau que le continent africain ?

Un jour viendra — maudit soit-il — où un désolant ruban de bitume permettra de « voyager » sans encombre de Paris à Dakar. Ce jour-là, il faudra trouver autre chose. La preuve ? Le rallye d'Algérie, de Tunisie, ou le rallye de l'Atlas qui se déroulent dans les sables désormais sans mystère de pays envahis de touristes n'ont guère d'échos dans le grand public.

A temps nouveaux, hommes nouveaux. Christine Caron ou Claude Brasseur « font » le Paris-Dakar ? Il n'en faut pas plus aux « vrais » rallyemen pour affirmer que « le Paris-Dakar c'est une promenade touristique. En un mot, de la merde... »

C'est vite dit. Christine Caron, ex-championne olympique de natation conserve intacts les mécanismes intellectuels des sportifs de haut niveau. Claude Brasseur, comédien de talent, est habitué à se maîtriser en toutes circonstances, à dominer ses émotions ; ce sont là les qualités essentielles d'un bon navigateur.

Didier Marty et Michel Cazalot, lauréats d'un concours « Une Peugeot Dangel pour Dakar » ont étonné tout le monde en se maintenant à la deuxième place du rallye 1982 pratiquement jusqu'à la fin. Pas étonnant, pourtant. L'un de ces deux inconnus, Michel Cazalot vend des bibles et des encyclopédies en Afrique depuis plus de dix ans. Il connaît le terrain comme un caravanier. « René Metge, les frères Marreau, n'ont jamais rien fait en rallye. Hubert Auriol est un inconnu dans le domaine de la moto... » Tout ce qui échappe à l'emprise d'un clan dérange. Tout ce qui est nouveau, surtout avec succès, gêne forcément des intérêts en place. Paris-Dakar n'échappe pas à la règle. René Metge, les frères Marreau, Hubert Auriol ont accumulé une réelle expérience de la piste africaine. Ils ne connaissent peut-être que ça, mais ils le savent mieux que quiconque. Et c'est ce qui compte.

Je suis parti un jour pour Dakar, parmi 390 braves. Des affranchis et des « pieds tendres ». Seul au volant, j'aurais certainement pu atteindre les limites floues où le bitume décrépi se confond avec les sables envahissants vers Tamanrasset. Ensuite, les autres auraient filé — sans moi — vers la Croix du Sud comme un peloton de méharistes pourchassant un rezzou... Je suis allé plus loin, grâce à un « Africain ». Pas un homme d'ébène, mais un Blanc, Marc Billoret, qui traîne ses spartiates sur toutes les pistes depuis bientôt dix ans, au volant de toutes les Peugeot des mille et une nuits...

« Il n'y a pas de pilotage, ce n'est pas intéressant... » proclamait d'une moue dédaigneuse Charlotte Verney — une championne — confrontée au sable africain. Mais il y avait de la navigation et elle s'est perdue ! Et il y avait une autre sorte de pilotage : le pilotage africain. « Pour moi, Paris-Dakar n'est pas une course automobile. On fait croire au public que c'est un rallye », dit sans ambages Gérard Larrousse, le patron de la compétition chez Renault. Comment expliquer le battage fait par la régie Renault autour de la victoire des frères Marreau ? Paris-Dakar est une course, où le premier arrivé gagne : les frères Marreau ont gagné. Pour Jean Todt, le directeur de Peugeot-Talbot-Sport, « Paris-Dakar, comme tous les rallye-raids, est un bon terrain d'essais pour s'engager ensuite dans les épreuves du championnat du monde ». Mais il y a gros à parier que ce genre d'épreuves aseptisées n'attirent pas les « Africains ».

« Nous ne sommes pas des pilotes de rallye », dit

modestement Bernard Marreau. « En Afrique, ajoute son frère Claude, aller vite c'est savoir prendre son temps... » Voilà résumée la philosophie du Paris-Dakar. Si il y en a une.

Chaque discipline du sport automobile est marquée par une épreuve phare. Le Grand Prix de Monaco pour la formule 1 ; le Rallye de Monte-Carlo pour les rallyes ; les 24 heures du Mans pour l'endurance. Et maintenant il faut ajouter, à ces trois « grands », le Paris-Dakar.

LES MARCHANDS DE SABLE

(ou comment apprivoiser un sponsor)

Jour après jour, la boîte à lettres est vide. Enfin presque : il y a le courrier habituel, routinier. Mais aucune réponse à la belle lettre que vous avez rédigée, pleine de propositions tentantes : « Paris-Dakar », la « Transat » des sables... Une couverture « mondiale », par la presse, la radio, la télé... Une voiture incassable (votre 2 CV Citroën) présentée par un équipage compétent (votre copain Paul et vous), préparée par une équipe de techniciens compétents (la station-service Dauliac de Faverolles-la-Campagne)... Vous aviez confié vos modestes espoirs — nous ne briguons pas la victoire mais terminer à Dakar — enfournés par liasses dans le bureau de poste. 2 000 lettres affranchies à 1,80 F. On ne lésine pas, 1,60 F ça fait mesquin.

Les spécialistes en marketing sont formels : une chance sur 1 000 d'obtenir une réponse favorable ; dix chances sur 1 000 de se consoler avec une fin de non recevoir rédigée par un correspondant plus aimable que les autres.

Pour chercher un sponsor pour Paris-Dakar, pas la peine de s'user les yeux sur le bottin mondain de l'industrie, du commerce, bref de tout le gratin de l'économie française. Surtout si malgré vos réelles capacités de rallyemen vous êtes un parfait inconnu...

On s'étonne en découvrant la diversité des produits vantés par les autocollants des voitures d'un rallye africain. D'autant plus que les neuf dixièmes du parcours se font en pleine brousse. Là-bas les spectateurs obligés de cette sarabande, on peut même dire et c'est l'endroit où jamais, de cette « caravane » publicitaire, bref ces spectateurs sont illettrés. Ils ne savent pas lire !

Et ce sont de bien piètres consommateurs. Des exemples ? Allons-y ! « *V.S.D.* le grand hebdomadaire parisien, à part Alger, Bamako et Dakar où l'on en trouve quelques exemplaires, ne compte pas sur de nouveaux lecteurs sahariens pour augmenter ses ventes. » *V.S.D.* a pourtant gagné le Paris-Dakar 1981. Courte-Paille est une chaîne de restaurants standardisés (très convenables dans le genre), disséminés en France le long des grands axes routiers. C'est pas demain la veille que l'on en ouvrira un à Tessalit. Courte-Paille a gagné le Paris-Dakar 1982 en camion. Combien de bouteilles de Blanquette de Limoux vont être commandées par cette région musulmane à la suite de l'excellente prestation des jumeaux Deleforterie ? Lit-on *Télé Junior* dans un pays sans télévision comme le Mali ? Des gens qui déjà ignorent le savon vont-ils s'inonder de parfums Casanova ? Qui espère que l'aménokal des touareg de Tessalit après avoir offert une Seiko à quartz à ses fils, du Rexona à ses douze femmes, les emmènera danser au Club 78 sur les Champs-Elysées ? Tous ces produits ont sponsoré fort cher Paris-Dakar. Et pourtant les « clients » africains n'ont pas d'argent, et pas d'électricité...

« Vous faites fausse route mon cher », répond alors ce chef de publicité. Il fait rouler sur son bureau une maquette de Range Rover décorée aux couleurs de l'un de ses clients. « L'Afrique ne nous intéresse pas », poursuit-il. Tout se joue effectivement sur le territoire français. Les images du rallye — la seule manière de montrer le nom des sponsors — envahissent les foyers français par la presse, la télé. Avec la radio c'est plus compliqué...

Un « privé », c'est-à-dire un concurrent littéralement privé de tous moyens, est fatalement obligé de tirer les sonnettes. C'est un métier. Mais comme tout métier, il peut être exercé avec bonheur par un amateur à condition de montrer les qualités d'un professionnalisme sans failles. Dans le sponsoring il faut obéir à deux règles impératives :

1) Savoir se vendre ;

2) Assurer ensuite un service après-vente.

Savoir se vendre c'est se faire de l'autopublicité. Il faut se présenter sous un jour favorable et résister à la tentation de « bidonner ». Un amateur peut avoir un palmarès modeste, ou même nul. Il n'a pas le droit de raconter des histoires. Calé dans son fauteuil le sponsor qui lit votre lettre, ou qui écoute votre conversation, n'est pas forcément un fana de la bagnole ou de la moto : « Vous savez mon jeune ami, ça m'intéresse mais je n'y connais rien. » Mais dans son entourage — des collaborateurs, ses enfants — ne se priveront pas de lui dire : « Untel ? Un champion ? Tu parles, aux dernières 24 Heures de Plonéour-Lanvern, sa voiture (une épave) s'est fendue en deux au bout d'une demi-heure. Il s'est battu avec son mécanicien et a montré ses fesses à la présidente du Club ! » Ce genre de commentaires marche également dans l'autre sens. « Untel ? Il ira loin ! Dans le peloton de tête pendant la moitié du cross de Laridon-les-Nouzilles ! Ah s'il avait les moyens de s'offrir une moto neuve... »

Téméraire quand on est seul, et inconnu, de monter à l'assaut des citadelles mieux défendues que la banque de France ! CIT Alcatel, Thomson CSF, Rhône-Poulenc, Euromarché, ne vous donneront pas un kopeck. Ils ne prêtent qu'aux riches. Inutile de perdre son temps en frappant à la porte des sponsors habituels de l'automobile, les fabricants d'accessoires, de pneumatiques, d'huile. Ils sont tapés à longueur d'année. Dans le meilleur des cas vous obtiendrez une réduction sur le prix de leurs articles. Il reste, et c'est une aubaine pour les provinciaux, les sponsors locaux. A Paris, où l'esprit de clocher est dissout dans la masse, c'est plus difficile.

« UN CASTROGONTERIEN A PARIS-DAKAR » titre l'édition régionale du *Tonnerre de Brest.* En page locale bien sûr, ils ont bien fait les choses. Votre photo sous le meilleur profil. Casque sous le bras, sur votre cuir tout neuf on peut lire : « Rillettes du porcelet affectueux ». Suit un « papier » enlevé : « Une réunion bien sympathique à Château-Gontier. M. Césarin Roux-Combaluzier le dynamique P.-D.G. des « Rillettes du porcelet affectueux » a présenté hier notre concitoyen Pierre Dubois, concurrent de Paris-Dakar. Grâce aux Rillettes, etc. La moto, une Vélopette 250 a été mise au point par les Etablissements Dumoulin-Quironfle, bien connus des motards de notre ville. Etc., etc. C'était une belle journée, le soleil était de la partie. » L'envoyé spécial du *Clairon de Sambre et Mayenne* fixe pour l'éternité cette cérémonie émouvante. A vous de faire le boulot ensuite : filer vers Dakar.

Le « régional de l'étape » n'est pas une formule creuse inventée par des reporters sportifs qui ne savent pas quoi trouver. L'enfant du pays est rarement renié par ses concitoyens. Cyril Neveu se démène comme un diable pour gagner la spéciale d'Orléans, quelques heures seulement après le départ de Paris-Dakar. Il est chez lui avec toute la presse locale et régionale derrière. Pour les journaux du coin l'événement va faire la semaine. Et c'est bien. Tout le monde est content.

Le vide absolu, aussi bien dans le domaine politique que dans le domaine sportif, imposé par la « trêve des confiseurs » est le meilleur allié de Paris-Dakar. Surtout pendant la première semaine du Rallye, celle où le monde se plonge la tête sous l'eau froide pour chasser les brumes des deux réveillons. A vous d'en profiter. Il n'y a absolument aucune actualité sportive pendant les fêtes du premier janvier. D'où jusqu'ici le succès des originaux qui se baignaient à Nice le Jour de l'An et dont on voyait, sur les photos, le corps marbré et les gencives crispées dans un sourire de convenance. Paris-Dakar a balayé tout ça.

Investissez en temps, et avec un minimum d'argent. Votre femme, votre sœur, des copains dévoués seront pendant votre absence vos agents de relation publique. Commencez avec eux la préparation psychologique avant le départ. N'oubliez jamais que vous et votre sponsor formez un couple uni dans les liens d'un mariage à terme, mais où une fois l'argent encaissé on ne divorce jamais. Vous pédalez, il finance ; et vous vous faites mousser mutuellement. Le jeune Pierre Dubois grâce à son sponsor lira avec plaisir dans *l'Industriel charcutier,* et *Paris-Cochon* deux articles vantant les mérites associés du dynamisme d'un charcutier et d'un motocycliste. Ajoutées aux autres, ce sont toujours deux coupures de journaux supplémentaires dans votre « presse book ». Le « livre de presse » est un recueil où vous collectionnez tout ce qui a pu être publié sur vous. C'est votre vitrine et votre catalogue pour vous vendre. Tout est bon à prendre.

Il faut faire le tour des rédactions de toute la presse régionale. Gentiment et poliment, en ayant un jeu de photos sur soi et un petit curriculum vitæ qui est déjà en soit un petit article où l'on vous découvre sans forfanterie. Ne pas avoir peur de se pendre au téléphone. Et faire marcher à fond le piston qui comme chacun sait est un élément indispensable dans la moto et l'automobile.

Vous vous êtes écroulé à Dakar 63e et bon dernier. Et alors ? Personne ne s'attendait à vous voir trinquer avec les vainqueurs. Mais vous êtes là sonné de fatigue sur le sable sénégalais alors que tant d'autres ont abandonné en route. C'est le moment idéal pour trouver quelqu'un — un journaliste, un copain — qui vous tirera le portrait. Une fois rentré au pays ça servira. Et, n'hésitez pas à téléphoner chez vous vos impressions. Vos « agents » sur place alerteront la presse.

Vous êtes perdu dans les sables brûlants, adopté par un sorcier bambara, rapatrié par une pirogue sur le Niger. Voilà des aventures encore plus belles. Soyez un vaincu triomphant et votre presse régionale vous traitera en héros : « J'AI FAIT CUIRE LA SELLE DE MA MOTO. » Et les lecteurs du *Phare mayennais* se délectent : « Devant un feu de camp, avec ma roue avant j'improvisais une harpe et entonnais « Les trois orfèvres »... Le chef me proposa la main de sa fille de douze ans... Ce que j'ai fait aucune bête au monde ne l'aurait fait... »

Un autocollant peut en cacher un autre. A chacun selon ses mérites, chacun chez soi et les intérêts seront bien gardés. Pour que votre voiture ne ressemble pas à une caisse de rallyman du vendredi soir il faut de la méthode, et du goût. La méthode consiste à lire scrupuleusement le règlement remis aux concurrents. C'est le seul que vous devez prendre en considération. Il peut arriver que par un curieux phénomène de dilatation la surface « réservée aux organisateurs » soit bien plus grande dans « leur » exemplaire du règlement que dans le vôtre. Mètre pliant et « votre » document en main résistez à toutes les pressions. Par contre jouez le jeu à fond : ne retirez rien de ce qui est imposé ; n'acceptez rien de ce qui ne l'est pas.

Ne collez pas n'importe quoi n'importe comment et n'importe où. Quand l'armée des « ratons colleurs » officiels s'abat sur vous, défendez votre voiture. Défendez vos propres sponsors. Vous avez réservé les emplacements obligatoires : on doit coller là, à la dimension prescrite, et pas autrement, ni ailleurs. Et pour délayer ces « parasites » et mettre en valeur votre sponsor utilisez des artifices. En 1982 j'avais quatre sponsors : Peugeot avait fourni la voiture, Super Vidéo Production et Pro Vidéo Broadcast avaient puisé dans leur portefeuille, et *l'Express* — mon journal — avait ouvert ma cage et donné un viatique. Bleu sur jaune, bleu et blanc, bleu et or, noir et jaune. Après négociations tous ces sponsors ont été traités en jaune bouton d'or sur fond bleu. On ne voyait plus qu'une voiture bleue et jaune, uniforme, tout le monde était content. Enfin, et c'est l'enfance de l'art, emportez toujours un jeu confortable d'autocollants de secours. Les épines, les petites mains noires, les aléas du voyage ont vite raison des autocollants les plus adhésifs.

Combien coûte un Paris-Dakar ? C'est comme les fruits exotiques et les crustacés dans les restaurants : prix selon grosseur. Avec son sac à dos et sa brosse à dents, c'est moins cher — pas meilleur marché —

qu'avec une équipe de serfs de la clé à douilles, un chef privé et un bataillon de nurses. Il n'y a pas de budget « smicard », ni de budget maximal. Mais on dépense toujours plus que prévu. Une seule recette : être un vrai pingre avant de partir...

CADEAU PATRON ?

« Patron ! Tu me donnes le cadeau qui colle ? » Tous les gamins de la ville grouillent autour des voitures, des motos. Combien ? Mille peut-être. Sales, dépenaillés, les plus heureux traînent les pieds dans de méchantes savates en plastique fabriquées à Hong Kong ou Macao. Les autres sont pieds nus. « Patron, je te garde la voiture ? » Comment, harassé par une longue étape, quand on a vécu une dizaine d'heures, peut-être plus, confiné dans la voiture, ou solitaire sur sa moto, comment ne pas se laisser aller à un geste d'agacement pour chasser cette foule qui grouille ?

Vitrine aux mille trésors de la lointaine société de consommation, nos voitures bourrées à craquer d'objets, dont la valeur est ici inestimable, sont obligatoirement l'objet de convoitise. « Ce qui est à toi est à moi. Et ce qui est au Blanc peut être à nous ! » C'est la règle de la vie communautaire africaine. « Cadeau patron ? » L'autocollant, véritable obsession — le fameux cadeau qui colle — est détaché des carrosseries par des mains avides.

Et, quand les soirs de bivouac en pleine brousse des ombres furtives se glissent autour de nous, comment taxer de « voleurs » ces gens que nous alléchons ? Facile de ne voir, dans les deux rangées de Noirs hilares qui applaudissent au spectacle de notre sarabande, qu'une foule de grands enfants. Nous les « distrayons » peut-être, mais une fois retombée la poussière de la voiture balais il reste quand même dans la mémoire des Africains l'image d'un train de richesse qui ne s'est pas arrêté en route.

Gao, cité des voleurs. Chausse-trappe d'un brigandage organisé surnommé par nous tous « Racket-City ». A tel point que plus personne ne veut de cette étape à l'avenir. En oubliant qu'elle est stratégiquement indispensable pour se refaire à n'importe quel prix une santé. Surtout pour les privés.

Hôtel de l'Atlantide à Gao, pâle caravansérail en béton décrépit. Chef-d'œuvre d'une architecture coloniale où l'on s'attend à trouver un capitaine de zouave et un Marius en chapeau de paille tuant le paludisme en trinquant à coup de Pastis pur. Au bar une étonnante jeune femme peule, avec une surprenante tête d'Iroquoise. De son unique bras — elle est manchote — elle débite des boîtes de bière à un prix exorbitant. Tout aussi déraisonnable que les litres de vin rouge. Ce 12° râpeux concocté par un Libanais de Bamako, est pour nous tous le premier coup de pinard depuis des jours et des jours. Le potage est suspect, la viande de la carne, le riz pire que de la colle. Voyez comme nous nous réadaptons vite à la civilisation ! Et pourtant, quand nous ouvrons jour après jour nos boîtes de rations énergétiques en sachant d'avance ce que nous allons trouver dedans, nous en rêvons pourtant de ce festin de Gao !

« Par décret spécial du commandant du cercle de Gao — l'équivalent du préfet — le prix de la traversée du Niger par bac est fixé à 30 000 francs maliens (300 de nos francs). » Normalement on s'en sort pour 20 francs français. Mais aujourd'hui pour le rallye c'est spécial. Alors tout le monde râle, tempête, et crie « au voleur ! ». Le commandant du cercle de Gao, impeccable dans son ample djellaba blanche, le coude appuyé à la portière de sa 505 flambant neuve — une pièce rare au Mali — tourne en rond sur la place de l'Indépendance. Ses surbordonnés mal rétribués appliquent des ordres. Fagoté comme beaucoup d'employés municipaux, dans une vieille capote de l'armée française — ils ont dû en toucher un stock — Bakary est inflexible : « Si tu n'es pas content, tu n'es pas obligé de passer. » Nous passerons tous, et au prix fort. Et après tout, sommes-nous à trois billets de cent francs près dans un budget de concurrent de Paris-Dakar ?

Ousmane est un brave homme. Toujours serviable, assis sur le pas de son « estanco-garage » en terre battue il attend le client de pied ferme. Le rallye va passer : une manne sur deux ou quatre roues. On a toujours besoin d'Ousmane le garagiste et de sa montagne de ferraille qui rôtit au soleil. Ici l'air est sec, son stock ne rouille pas. Assis sur une chaise défoncée, drapé dans sa djellaba bleu ciel, il est flanqué à droite et à gauche de ses deux assistants-vassaux, luisants de cambouis, assis à croupeton dans la poussière. « Oui, Ousmane a certainement un couple cônique de 504. Oui Ousmane pourra trouver une vieille lame de ressort de Land Rover que l'on adaptera non sans mal sur un Toyota... » Ousmane est un homme comblé, la caravane à piller vient directement à lui. Et c'est tout bénéfice : les Blancs font le travail eux-mêmes. Ils démontent, remontent en suant sang et eau sous le soleil. Les enfants — la moitié de la ville —, les voisins, jouissent du spectacle. Les Blancs paieront. Et, coincés, ils paient bien...

Diallo est soudeur autogène. Pendue au-dessus de l'ouverture qui sert de porte à sa guitoune, une méchante planche proclame « soudeur de qualité ». Les Blancs se moquent : « C'est de la soudure indigène ! » Ce matin, Diallo a ouvert de bonne heure, une cohorte de Blancs — dont je suis — en panne attend devant sa porte. « Vite, vite, c'est pressé ! » Ça veut dire quoi pressé en Afrique ? Là encore une ribambelle d'intermédiaires assurent la bonne marche de l'établissement. Un vieillard chenu, relégué au fond d'une arrière-cour contrôle le fonctionnement d'un groupe électrogène poussif et pissant l'huile. Une demi-douzaine de gamins tiennent à mains nues les épissures des câbles dénudés qui courent à même le sol. Diallo officie au poste de soudure, tripote, tapote, lève les yeux au ciel, retripote, retapote. Rien, sauf de temps en temps un bond de l'aiguille de l'ampèremètre qui accuse un court-circuit. Autour on commente en bambara. Le Blanc, pressé, saute d'un pied sur l'autre et s'impatiente. Il envoie des gamins chez l'épicier à la chasse aux canettes de bière. Il faut encore, en attendant que le groupe électrogène consente à cracher des étincelles musclées, farfouiller dans un tas de détritus métalliques pour dénicher de quoi tailler un renfort. Agacé — le Blanc est toujours agacé — on arrache la scie à métaux édentée des mains du gamin qui s'acharne à scier de travers. Le Blanc aime le travail bien fait. Le Blanc s'use les mains, transpire. Autour de lui, en se frappant de grandes claques sur les cuisses les gamins rigolent aux éclats : « Le toubab, là, il va se fatiguer... »

Une violente explosion secoue soudain toute la maison. Stupéfait, un grand Noir, une lampe à souder à la main, contemple un réservoir de voiture boursouflé aux angles, gonflé comme un ballon de rugby : « Le réservoir, patron, il est gâté... » Le Blanc est en colère. En d'autres temps, il y aurait du coup de pied au cul dans l'air, mais maintenant « ils » sont indépendants... Pourtant le Blanc sait bien, lui, que l'on ne ressoude pas n'importe comment un réservoir.

Au moment de payer les marchandages deviennent sordides. Comment et sur quelle échelle des valeurs se baser pour hurler encore une fois au voleur ? 500 F, 1 000 F pour deux heures, trois heures de soudure ? Un dimanche à Paris, combien coûte l'intervention de « Machin secours » venu déboucher le lavabo ? Alors là, en plein milieu de l'Afrique ? Quand le choix est simple : accepter et continuer. Refuser et rester sur place. C'est la loi de l'offre et de la demande : « Tu ne veux pas, l'autre là il voudra bien. »

Paris-Dakar 1981. Quelque part au centre de l'Afrique, loin de tout, je ne me souviens plus de l'endroit. Vêtu d'un short effiloché, un bonnet de laine sur la tête, le soudeur du village a une tête de lutin malicieux. Son installation est rudimentaire ; mais elle a le mérite d'exister. Le lutin soudeur soude. Autant que son moteur qui cale régulièrement le permet. Les éclopés du rallye défilent les uns après les autres. Et puis au beau milieu de la journée, pendant un travail plus long que les autres l'appareil crâche une ultime étincelle verte. Et rend l'âme. On examine, on ausculte le groupe électrogène : le bobinage est grillé. L'appareil est irrémédiablement foutu. « Tiens ! » tendant généreusement une liasse de billets, le Blanc — chance le boulot est quasiment fini, et bien fini — le « client » paie largement le prix de l'installation tout entière. Mais le pauvre homme refuse le pactole : « Qu'est-ce que tu veux que je fasse de tout cet argent ? — Achète un groupe électrogène tout neuf ! — Comment ? Où ? Il n'y en a pas d'autre à 500 kilomètres à la ronde... » L'Européen, surpris, a rempoché ses billets et juré de faire parvenir un groupe neuf. Il a certainement tenu promesse...

Nioro du Sahel. Le Sahel, le nom d'une des régions les plus déshéritées du monde. Rien ne peut arrêter l'implacable avance du désert. Jour après jour, centimètre par centimètre le sable grignote la maigre végétation.

En perpétuel exode les Peuls poussent devant eux des troupeaux d'animaux efflanqués. Il n'y a plus d'eau. A moins d'un miracle il n'y aura plus jamais d'eau. La colonne motorisée des concurrents du Paris-Dakar s'est abattue sur l'aéroport : une étendue de bitume flanquée d'un bâtiment « bistrot-tour de contrôle ». Tirant par un bout la liane qui tient lieu de licol, des Africains proposent un mouton dont on voit les côtes à travers la laine mitée : « Tu veux un méchoui ? C'est pas cher, 10 000 francs (100 F). » Le « blanc » et le « nègre » tombent d'accord : « Tu me le prépares, tu me le fais cuire. » Comment justifier ensuite l'attitude de ces « clients » qui donnent généreusement la moitié du prix — à prendre ou à laisser — lorsque l'infortuné malien présente la bête fumante, rôtie à point ?

Nioro du Sahel toujours. « Où est le journal *l'Express ?* » En équilibre précaire sur le porte-bagage de la mobylette ferrailleuse, le receveur principal du bureau de poste de Nioro, cramponné au receveur-adjoint qui pilote la machine, me cherche consciencieusement. Avec Martine Holland du *Parisien Libéré,* Eric Breton de *Moto Verte,* nous avons bloqué la ligne de téléphone depuis Kolokani. Et miracle, ça a marché ! Enfin presque, car la communication ne sera jamais établie. Imbécilité de notre part, réflexe de « toubab », nous emmenons nos deux postiers au « café » de Nioro. On leur paie un « nectar d'abricot » algérien ; il n'y a que ça. Le garçon ouvre nos boîtes de jus, pas les leurs. Avant même que nous soyons partis nos deux amis revendront le nectar d'abricot au garçon. Nous sommes des cons : c'est d'un peu d'argent qu'ils avaient besoin.

Gao. On farfouille dans un tas de vieux bouts de ferraille, surveillés du coin de l'œil par une vieille édentée. Ses seins en « oreilles de cocker » se balancent au rythme du pilon qui écrase le mil. Mon ami Marc déniche enfin l'axe de silent-bloc qui nous manque. Oui, mais il faut en extraire la gangue en caoutchouc vulcanisée sur le métal. Nous n'avons pas de presse. Il est tard. Je ne me souviens plus du nom du type qui nous a tiré d'affaire. Un panneau maladroit, à l'entrée de sa cour envahie par les épaves, les carcasses et la volaille, proclamait « Ici, bon mécanicien ». Nous l'avons dérangé, il était avec des amis. Sans outils, avec une vieille lame de scie à métaux affûtée il a entammé patiemment la gomme dure. Les orteils de son pied droit maintiennent la pièce à même le sol. Et quand il se fait une profonde entaille dans la paume de la main, les gouttes de sang tombent sur la terre. Il termine, sans sourciller, son travail. Il n'a jamais voulu accepter un sou : « Ça vous dépanne. Ça me fait plaisir ! »

Aguelhok, un coin brûlé de soleil où les maisons du village sortent de la même poussière qui vole au vent brûlant. Le bras de suspension avant vient de lâcher encore une fois. Au bon endroit : en plein milieu d'un passage étroit où les concurrents doivent obligatoirement s'engouffrer. En plein sur des « cram-cram » — des épineux — qui s'incrustent dans les vêtements. Alors, sous le soleil, on déballe les outils. On travaille.

Une présence légère derrière nous : deux petites filles targui. En haillons, elles se blottissent l'une contre l'autre, effrayées par leur hardiesse. On échange quelques sourires. Comment communiquer autrement ? Alors l'une d'elles tend au bout de sa main l'une de ses boucles d'oreilles : un mauvais bout de fil de fer orné de quelques bouts de laine. C'est un cadeau. Elle n'a rien, donne l'un de ses rares trésors. Que peut-on faire ? Sinon leur laisser le peu de friandises qui nous reste, et les restes de nos rations. De toute façon nous grignotons du bout des dents, dégoûtés d'avoir tous les jours la même chose à manger...

Naufragés du rallye, semés au hasard des villages, de nombreux concurrents abandonnés à leur sort ont enfin vécu l'aventure. La vraie, celle qui sort des rails, des itinéraires, des plannings. Suspension définitivement brisée, Jean-Pierre Chapel et Jean-François Dunac abandonnent leur Mercedes dans un village près de Niafunké. Un village comme les autres, comme sur les livres du temps de la colonisation : des cases, des femmes qui pilent le mil, des paysans courbés sur les sillons, « daba » — une houe sans manche — à la main. « Vous avez soif, vous avez faim, vous êtes fatigués ? » Le chef est hospitalier. Les villageois sont aux petits soins pour ces deux « toubabous » tombés du rallye. Ils monteront une expédition pour restituer les deux étrangers à la civilisation. Jean-Pierre et Jean-François descendent le Niger en pirogue. Les villageois pagaient en chantant. Deux ans plus tard, la voiture est toujours sous la garde du chef du village : « Les Blancs ont dit qu'ils reviendraient un jour... »

Je ne me souviens plus du nom de ce motard obligé d'abandonner sa moto quelque part dans un village entre les falaises de Bandiagara et Gao. Passé le grand vide qui succède à la tension nerveuse, au bruit, aux secousses du parcours du combattant motorisé, le motard se gratte la tête. Certes, il n'est pas seul. Tout le village l'entoure. C'est lui l'événement de l'année : une sorte de cosmonaute tombé du ciel. Faim, soif ? Pas de problèmes, on lui apporte tout ce qu'il faut. Mais il ne va pas passer sa vie ici. En attendant, pour amuser ses hôtes, le Blanc fait le tour de la place du village en pédalant à l'envers — assis sur le guidon — sur un vélo. Alors l'un des Africains sort une mobylette : « Avec ça, on peut aller en ville. » Gao ? Mopti ? Je ne sais plus quelle ville c'était, mais ils ont roulé tous les deux. La mobylette et ses passagers ont mordu la poussière plus d'une fois. Le moteur a serré, puis rendu l'âme. Sauvé, le motard acquitte scrupuleusement le prix de la réparation.

Quelque part encore dans le Sahel. Tous les ans un groupe de jeunes Noirs attend le passage du rallye. Au même endroit. A côté d'eux, une Yamaha 500 XT plus très fraîche, vestige du premier Paris-Dakar. C'est « leur » moto. Ils espèrent des pièces...

Kolokani. Le patron du « Yankadi » — en bambara cela signifie « Ici c'est bon » — est fin prêt. Il sait que le rallye va passer chez lui. Obligatoirement car il n'y a pas d'autre restaurant. Pas d'autre buvette.

De Bamako un camion a transporté des caisses de bière, des bouteilles de vin. Dans ce village à l'ambiance un peu « Pagnol à l'africaine » le commandant de cercle, le chef des transports — il compte les voitures et camions qui entrent et sortent du village —, le gendarme, l'instituteur prennent le frais le soir en buvant un coup. L'hôpital de Kolokani est juste terminé. Des coopérants ont installé un système de batteries solaires : mais le réfrigérateur est vide. Il n'y a pas de médicaments à conserver, alors que nos pharmacies sont bourrées. Sissoko, un jeune ingénieur malien est là. Il a aidé les coopérants à installer l'hôpital. Mais le gouvernement malien ne l'a pas payé depuis des mois. Pourtant son salaire mensuel n'est pas très élevé : 600 F français... Juste le prix du plein de deux voitures du rallye. Ce que certains laisseront, juste pour une chambre, à l'hôtel de l'Amitié de Bamako...

Provocation néo-coloniale ? Le rallye Paris-Dakar a toutes les allures d'un corps expéditionnaire. Stanley au petit pied nous fonçons sur l'Afrique comme en pays conquis. Comment s'étonner si, dès Alger, des pierres volent parfois dans les pare-brise ?

Comment oublier ces petits villages traversés en trombe ? Après notre passage les indigènes ramassaient les poules écrasées. Je ne me sens pas le nez plus propre que les autres ; j'ai appuyé sur le champignon comme un dératé. Mais pour eux une poule c'est beaucoup... Et puis, imaginons un instant une bande de Maliens, de Sénégalais, traversant la campagne française en une sarabande échevelée ? Les fusils de chasse sortiraient vite...

Sur la plage de Tiougoune, au Sénégal, les rescapés du rallye tirent en feu de joie les fusées qui ne leur ont servi à rien. Les cuisines roulantes d'Africatours « soldent » la nourriture en surplus dans un dernier festin. Demain c'est Dakar, et les langoustes. Accroupis au pied de trois Mercedes, des Sénégalais fouillent dans les détritus que nous avons abandonnés. Ils lèchent leurs doigts, et nettoient à fond nos boîtes de conserves.

« 94 ! Ah, c'est le Val de Marne ! » On les a tous rencontrés ces Africains au français fluide. On s'est tous moqués de leurs lunettes « Ray Ban » aux verres miroir, de leur montre voyante, de ce transistor volumineux qu'ils quittent rarement. « Vous venez de Paris, de Lyon, je connais bien... » Ici chez eux ils ont oublié qu'ils ont vidé nos poubelles, balayé nos rues. Simplement, et sans rancune ils tolèrent que leur pays soit le nouveau terrain de jeu des Blancs. Pendant combien de temps encore ?

MOTARDS :
LES DEUX ROUES DE L'INFORTUNE

Le pilote rajuste la sangle de son casque. Il enfourche sa moto et repart. Après une longue séance de mécanique en plein soleil — l'allumage était détraqué — la moto est repartie au premier coup de kick. Une chance. Serge Bacou roule, mais une arrière-pensée le travaille : « Bizarre, pendant tout le temps où je bricolais, à genoux dans le sable, personne ne m'a doublé. » Il sait pourtant qu'il est sur la bonne route. Il n'y a pas si longtemps, au ravitaillement de Silet, il n'a pas manqué de présenter son carton au contrôle de pointage. Il a même vu des concurrents trop pressés passer trop à droite de la palmeraie et foncer pleins gaz vers leur perte...

Serge s'arrête quand même, rongé par l'inquiétude. Il sort le road-book, cette bible du Paris-Dakar sans laquelle il est impossible de trouver son chemin. Le motard consulte posément sa boussole — il transpire sous son cuir car le soleil matinal est déjà brûlant —

mais, pas de doutes possibles, en suivant le cap 220 il doit tomber sur la piste de Timeiaouine. Une légère erreur de cap facile à rattraper en faisant prudemment du hors piste.

La moto tourne rond. Soudain les roues s'enfoncent dans du sable trop fluide, le moteur peine et s'arrête. La moto vient de se planter au bas d'une dune de sable léger accumulé par le vent.

Impossible de remonter la pente, à chaque fois la machine s'ensable. Par cette température chaque effort est pénible, Bacou tente plusieurs fois de s'évader des sables. Alors, il se résigne à passer sur place une inconfortable nuit.

En hiver, dans le Sahara, le gel le plus dur succède dès la nuit à la température torride de la journée. Serge Bacou le sait. Ce n'est pas un gamin, ni un novice. Il sait qu'il n'a rien d'autre que ce qu'il a sur le dos pour se protéger. Il décide de se ménager un abri.

Difficile de creuser un gros trou dans le sable avec ses mains. Bacou démonte le sabot en tôle qui protège le bas moteur de sa moto : c'est une excellente pelle sans manche. Recroquevillé au fond de son entonnoir de sable, il passe une nuit difficile. Au petit matin, sous ses jambes engourdies, il sent que le sable craque lorsqu'il marche. Le froid de la nuit a durci la couche en surface.

Méthodiquement, Bacou remonte la pente et jalonne un parcours jusqu'à ce qu'il rencontre enfin un terrain porteur. Et puis il revient à sa moto, et réussit tout doucement, sans risquer de creuser le sable sous sa roue à extirper la machine de sa prison de sable. Il lui faut encore revenir une dernière fois à son trou pour y ramasser ses affaires. Pour être le plus léger possible il avait tout laissé en bas. Alors, Bacou décide ensuite — puisque de toute manière, la course est finie pour lui —, de regagner l'oasis de Silet. En empruntant le même chemin, mais à l'envers.

Mais il est incapable de reconnaître sa route. Le « paysage » n'a pas la même allure dans un sens que dans un autre, et puis finalement quand on est fatigué, et pas né dans ce pays, tout se ressemble. Bacou décide alors de faire le point une nouvelle fois et de filer plein est. Il lui reste une chance de cette manière de couper la piste transaharienne Tamanrasset-In Guezzam. Et par prudence, cet homme réfléchi envisage de s'arrêter quoi qu'il arrive, où qu'il soit, lorsqu'il ne lui restera plus que 50 kilomètres d'autonomie. Ainsi, il pourra toujours foncer dès qu'il apercevra des traces de poussière ou des lueurs de phare.

Chemin faisant, ses roues coupent une piste très large, bien balisée avec les habituels fûts de gas-oil vides... Il se dit que sur une telle piste c'est bien le diable s'il ne passe pas quelqu'un dans les trois jours. Alors il s'installe le plus confortablement possible. La veille, il avait tracé un grand BACOU dans le sable pour être repéré d'avion. Cette fois-ci, il trace avec ses pieds, des pierres et du gravier un gigantesque S.O.S. BACOU.

Et puis, il entreprend de se construire un abri plus confortable. Il ne sait pas combien de temps il risque de rester ici. Il trouve un bout de tôle ondulée et le ramène à son campement. Puis il vide les 200 litres de sable que contient l'un des fûts qui servent de balise et le roule sur trois kilomètres. C'est un abri de fortune contre le soleil et le froid. La nuit, il sautille sur place, court pour se réchauffer... Le sommeil ne vient guère. Et puis, en dormant il risque de ne pas entendre le bruit d'un camion, ou d'un avion, car il est sûr que des recherches ont commencé. Quand il n'y tient plus, à l'aide de quelques gouttes de son précieux carburant il enflamme des branches arrachées à un arbre rabougri qui, seul, s'obstine à pousser ici. Il ne sait pas que, pas bien loin de là, d'autres concurrents entament eux aussi leur nuit la plus longue : Charlotte Verney, Mark Thatcher, leur mécanicien et Eric Breton.

Par prudence, Serge Bacou sort ses fusées. Il les nettoie du sable qu'elles contenaient — il s'infiltre partout — et les vérifie une à une. Avec du ruban adhésif il se les fixe au poignet. Comme ça, il les a sous la main. Toujours et partout. Il n'a pratiquement rien à boire : une gourde d'un litre d'eau. Et presque pas plus de nourriture : deux rations énergétiques distribuées par l'organisateur et qui contiennent chacune un quart de lait, quelques fruits secs, des biscuits. Une seule pensée agite ce naufragé de la moto : « Combien de temps un homme peut-il survivre dans de telles conditions ? » Bacou passe sa deuxième nuit de naufragé des sables. Il est seul depuis jeudi.

Le troisième jour il retourne chercher un deuxième bidon. Et une autre tôle. Au moindre effort son cœur s'emballe. Il sent que ses forces s'épuisent mais que choisir ? Se protéger au risque de s'épuiser ou s'abandonner sur place ? Toutes les heures, le malheureux s'obstine à balayer l'horizon à l'aide de son miroir de signalisation. Quelqu'un peut-être apercevra-t-il le bref éclat ? Un avion le survole. Bacou a l'impression d'avoir été aperçu. Mais jamais aucun pilote ne signalera sa présence...

Le dimanche est dur à passer. Bacou croit entendre des bruits de moteurs à chaque instant. Il sort de son abri : il n'y a jamais personne. Rien, pas un bruit alentour.

Sa bouche est engluée de poussière, sa gorge desséchée, sa langue a doublé de volume. Il commence à avoir peur. Alors, il décide que cette nuit de prisonnier sera la dernière : demain il reprendra sa moto, filera vers l'est tant qu'il y aura de l'essence. Et après, la solitude vient à bout des caractères les mieux trempés.

Le ciel limpide est constellé d'étoiles. Le froid glacial s'est abattu sur Bacou. Et soudain, il entend encore un bruit de moteur. Il bondit hors de sa tanière : il n'entend plus rien, ne voit rien. Il pense que sa raison l'abandonne. Mais une demi-heure plus tard, un ronronnement de moteur se fait à nouveau entendre. Il envoie vite une fusée. Elle part. Mais rien ne vient de l'horizon. Il lance une autre fusée dix minutes plus tard et enfin des phares se dirigent dans sa direction.

Il tombe à genoux dans le sable, moralement épuisé, physiquement à bout. C'est dans cette position que le trouve une petite colonne de rescapés du rallye — tous des concurrents ayant abandonné. Le commandant Martin et son ACMAT, Jean-François Dunac, et des touristes allemands. C'est un coup de chance extraordinaire : Bacou n'était qu'à une trentaine de kilomètres de Silet. Et il aurait pu y rester encore longtemps sans le hasard. Jean-François Dunac, pour guider sa colonne d'éclopés avait loué les services d'un « guide » touareg. Et c'est uniquement parce que le guide s'était trompé de route qu'ils sont passés par là... Après une nuit de repos, Bacou saute à nouveau sur sa moto et décide de rallier directement Gao...

C'est là une histoire exemplaire des risques encourus par les motards. Mais aussi une illustration du courage des motocyclistes dans les différents Paris-Dakar. La preuve, aussi, de leur vulnérabilité. On ne peut pas emmener grand-chose sur une moto. Et lorsque l'on est en panne, un cadre ou une roue à rayons ne procurent pas beaucoup d'ombre...

Déjà en 1979, lors de la première édition du rallye, Pascal Boujieau avait séjourné quatre jours dans le désert. Dans son abri de sable il s'apprêtait à mourir de soif, et sans grands espoirs il avait tendu sa couverture de survie sur le sable. Miracle, ce fut le seul jour de pluie ! Retrouvé par des touaregs il rejoindra la bonne piste. Et repartira les années suivantes.

Si la course est déjà éprouvante pour les pilotes des usines, qui bénéficient d'une assistance phénoménale, c'est souvent un calvaire pour les « privés » qui s'enfoncent dans l'horreur à chaque tour de roue. Et pourtant ils continuent, la majorité d'entre eux revenant chaque année et toujours fiers d'être des amateurs.

Le plus bel exemple de cette ténacité est Alain Padou. Cet amateur franco-belge a commencé à faire de la moto à l'âge de trente-cinq ans. Une vocation tardive qui lui a quand même valu d'être sixième au classement général en 1981 et sur une machine préparée par ses soins. « Ce qui m'amuse, disait Padou à l'arrivée, c'est de faire la course avec mes copains du Nord. On glisse quelques pièces à droite et à gauche dans des voitures et on y va ! » En 1982, Padou est reparti, toujours dans les mêmes conditions mais cette fois après avoir cassé son cadre, perdu du temps, il a tout envoyé promener après les falaises de Bandiagara. Les Paris-Dakar se suivent et ne se ressemblent pas.

« Tu peux me prendre ça ? Tu serais gentil ! » Et le motard tend une roue, un guidon, son duvet en direction de l'automobiliste qu'il ne connaît ni d'Eve ni d'Adam. Ce troc commence dès les opérations de contrôle technique, pour se terminer à la sauvette quelques minutes avant le départ ! C'est l'assistance au petit bonheur et à la chance.

En 1981, Marie-Claude Laredo avait eu une bonne idée : une petite annonce pour recruter une voiture qui transporterait son matériel jusqu'à Dakar. Mais la voiture fut refusée au contrôle technique. Et Marie-Claude partit sans rien.

Combien de ces voitures, qui ont pourtant l'air solides comme des chars d'assaut, périssent corps et bien, dès les premières étapes ? Le soir, à l'arrivée, des motards hirsutes demandent aux premières autos qui se présentent au contrôle : « Vous n'avez pas vu la Toyota 144 ? Un Range-Rover bleu ? » Bien souvent ils ne connaissent même pas le nom de leurs bons Samaritains...

La moto est une école de courage. Et la chanson de geste des Paris-Dakar est un poème épique écrit sur deux roues. Combien sont-ils, qui, tombés dans les trous les plus épouvantables, après les « gamelles » les plus diaboliques, ont continué en serrant les dents pour supporter la douleur d'une belle fracture ?

On se souvient des « folklos », ceux qui ne devaient avoir aucune chance. Dont on ne donnait pas plus des 1 000 kilomètres de bitume jusqu'à Sète. Et pourtant ! Les quatre Vespa engagées en 1980 — petites abeilles bleues au ventre souvent ouvert — ont parcouru un bon bout de chemin. Elles arrivaient après tout le monde, ayant fait parfois quinze heures de piste. Bernard Tcherniavsky et Simonot atteindront quand même Dakar.

Et les « cinq grenouilles vertes » ? En 1980, tous habillés de cuir vert — ils n'ont rien d'autre comme vêtements — les cinq frères d'Aboville se lancent dans une épopée dont ils n'ont pas tout à fait mesuré l'ampleur. Avec des 250 Kawasaki de série. Ils n'ont même pas de gamelle, et le soir à l'étape, mangent avec les doigts la nourriture servie dans les carter latéraux de leurs bécanes ! Fréquemment par terre — parfois tous ensemble — et souvent en panne, leur découverte de l'Afrique a été incomplète : la nuit à la lueur des phares on ne voit pas grand-chose ! Un jour, ils rejoignent l'étape le lendemain matin de l'arrivée, c'est-à-dire juste avant le départ de la suivante. L'aîné des frères réunit immédiatement le conseil de famille : « Messieurs, nous allons dormir une heure. Ensuite nous repartons... » Ils l'ont fait. Norbert et Gérard — le « rameur de l'Atlantique » — sont arrivés hors temps ; Baudouin, Guillaume et Hubert hors course. A Dakar, l'un d'eux eut une parole historique : « Vraiment nous n'aimons pas le sable ! »

Des chambres à air neuves roulées en paquet, des gourdes, des outils, des bombes anti-crevaison... Petit Poucet malgré eux, les motards sèment du matériel tout au long des pistes. Surtout au début quand les « pieds tendres » ne se méfient pas assez. Il faut tout attacher, tout arrimer soigneusement, assurer la moindre bricole. Surtout ne négliger aucun détail. En 1982, Grégoire Verhaeghe bricole une outre souple, comme les réservoirs de hors-bord, de manière à augmenter son autonomie. Tout au long de l'épreuve il se plaint que son moteur ne tire pas. Ce n'est que sur la plage de Dakar qu'il constate que cette outre bouche le filtre à air...

Le carburant est un problème insoluble pour les motocyclistes. Comment emporter une réserve suffisante pour faire des étapes de 800, 1 000 kilomètres ? Alors l'organisation prévoit des camions citernes qui doivent — théoriquement — attendre les motards à un endroit convenu. Une erreur de navigation, on loupe le camion et c'est la panne sèche en plein désert. C'est arrivé trop souvent. C'est aussi le camion qui n'est pas à l'endroit convenu. Ou l'essence de mauvaise qualité qui ruine les moteurs. Et, pour les machines les plus gourmandes, les pilotes arriment bravement un sac à dos contenant un bidon de précieux liquide : interdit de tomber.

« Une poussière démente et des baignoires profondes creusaient la piste. Je suis tombé une première fois sans rien voir, et je suis reparti. J'ai roulé ensuite à 110-120 km/h et je rejoignais des motos, ou une voiture, je ne sais pas. Je suis entré dans un grand nuage de poussière et je n'ai pas vu qu'il cachait une grande courbe à gauche. J'ai couché la moto pour essayer de passer quand même : et ce fut la gamelle. » Sonné, mais suffisamment conscient, Jean-Pierre Lloret redoute qu'un concurrent, lui aussi aveuglé par le sable lui roule dessus. Il se relève avec les côtes douloureuses. « Je me suis dit que cela ne valait plus le coup. Je me suis fait peur ! » Honnête avec lui-même Lloret abandonne le rallye 1981 dans l'étape Bobodioulasso-Bouna. Pourtant, c'est un vrai brave, héros de l'édition 1980 : il avait terminé l'épreuve sans broncher malgré une infection du genou et une fracture du poignet. Jean-Claude Olivier, « Fenouil », Gilbert Lebrun, Paul Becker, quelles que soient les années, qu'ils soient connus ou non du grand public combien sont-ils tous ceux qui se sont échappés des mains des « toubibs » pour sauter au guidon de leur moto ?

Des motos, qui se transforment trop souvent en

épaves. De toute manière le moindre petit incident devient une catastrophe.

En 1981, la minusucle Nicole Maîtrot perd la selle de sa 125 Honda, cassée net, eh bien elle fera plus de 350 kilomètres sur les repose-pieds. Tout le poids du corps, toutes les secousses encaissées dans les mollets... Encore heureux quand on peut réparer chez l'habitant, mais le plus souvent il ne faut compter que sur soi-même. Et même les pilotes d'usine les mieux assistés sont toujours obligés de mettre la main à la pâte.

Michel Mérel, officiel Yamaha en 1981, fonce entre Gao et Tombouctou histoire de grignoter un peu de l'avance d'Hubert Auriol qui caracole en tête. Au kilomètre 124 il sent que la moto flotte. Un coup d'œil à la roue arrière, le bras oscillant quoique renforcé a lâché : brisé en deux. Chaîne tendue à mort, pour resserrer le bras, assis sur le réservoir pour soulager l'arrière il repart pour plus de 350 kilomètres sur une piste atroce. Au kilomètre 200, la moto se pose brusquement sur le sable, appuyée sur le sabot de protection du moteur : le bras oscillant est maintenant coupé net en deux endroits ; c'est-à-dire en trois morceaux. Calmement Michel Merel rassemble tous les morceaux du bras et ficelle le tout du mieux qu'il peut avec sa chaîne de rechange, des sandows, une sangle. Il rejoint miraculeusement Tombouctou avec une roue à 45°, qui frotte tellement que l'embrayage est grillé ; la chaîne a rongé le carter moteur...

Pays des sorciers, des gris-gris, l'Afrique magique sourit parfois à des concurrents stupéfaits : M'taïch

Elfodil, dont tout le monde au cours du Paris-Dakar 1982 a remarqué l'étonnante combinaison et la moto peintes comme la peau d'un zèbre, tombe en panne, irrémédiablement. Il fait nuit. Il en a marre. Enfoui dans les profondeurs du classement, à quoi bon continuer, même si le moteur marche. Il allume un feu, tire son duvet et s'endort. Demain ce sera bien temps de trouver une solution. Soudain, en pleine nuit il entend des voix : en Afrique, même dans le trou le plus reculé, il y a toujours quelqu'un qui surgit de nulle part au bout de quelques minutes. Et le miracle se produit : un Africain avait récupéré une Yamaha 500 XT au cours du rallye précédent. Le cadre était foutu mais le moteur était bon. Affaire conclue, Elfodil, après une transplantation d'organe entre les deux motos, peut enfin reprendre la route vers Dakar.

Certains donnent un coup de pouce à la chance. Avec plus ou moins de bonheur. En 1982, entre Timéiaouine et Gao, Michel Mérel trifouille dans sa machine : l'allumage ne marche plus. Une 404 bâchée, l'un de ces innombrables « taxi-brousse » qui sillonnent la piste, s'arrête à ses pieds. En descendent trois touaregs en djellabas et enroulés dans leur chèche. « Bonjour », lance Mérel absorbé dans son travail. « Bonjour », répondent deux des hommes bleus du désert, et « Bonjour Michel », ajoute le troisième. Mérel, passé le moment de surprise reconnaît la voix et remarque les bottes de moto qui dépassent de la djellaba ! Ce touareg motard, c'est Jean-Noël Pineau. A 30 bornes de là il a cassé son deuxième et dernier moteur. Et pourtant il veut rejoindre Dakar, alors il a arrêté cette camionnette. Comme le règlement est formel — pas de transport des motos — il explique cette délicate situation aux touaregs qui le déguisent. Il rejoint Gao par ce moyen un peu fumeux. Le même procédé n'avait pas porté chance, deux ans auparavant, à Hubert Auriol : son taxi-brousse avait débarqué pile le pilote endormi devant le contrôle...

Le calvaire des privés ne s'arrête même pas le soir à l'étape. Sans même pouvoir trouver la force d'arracher leur combinaison de leurs membres raidis, ils s'endorment à même le sol au pied de leur moto. Certains n'ont même pas la force de se traîner jusqu'à la cuisine roulante, pour prendre l'unique repas chaud de la journée. Des feux, quand il y a des arbustes, les réchauffent à peine dans la froide nuit saharienne. Et dans la nuit, des indigènes qui rampent en silence dérobent les maigres biens de ceux qui se sont déshabillés, ou déchaussés. Tout les ans il y a ainsi, des casques, des combinaisons, de bottes qui disparaissent...

Deux exemples parmi tant d'autres de ces privés qui ont sacrifié leurs vacances, et cassé leur tirelire pour l'aventure de leur vie. « Technicien cinophile », c'est-à-dire tondeur de chiens dans la vie, Gilbert Lebrun est parti en 1981 avec une moto qui accusait déjà un Paris-Dakar, une Croisière Verte et un Rallye de Tunisie. Il ne pensait pas repartir d'ailleurs. Pas assez d'argent... En faisant mauvaise fortune bon cœur il va quand même à la présentation de l'épreuve, un mois avant le départ au cinéma l'Empire. Pour retrouver l'ambiance et des copains « du Dakar ». Il rencontre des concurrents auto : « Combien te manque-t-il ? — Cinq mille balles environ... — O.K., on te les trouvera. » Chose promise, chose due et geste entièrement philantropique de la part des automobilistes. Le Paris-Dakar de Gilbert Lebrun sera une épouvantable galère : tout au début, à Messaad, il se casse un doigt : plus question de freiner jusqu'à Dakar. Car il continue quand même. Il repartira, toujours sur la même moto, en 1982.

Encore en 1981, le plus jeune concurrent du rallye, Philippe Joineau, âgé de dix-huit ans, frère de Marc Joineau, passe son permis moto quinze jours avant le départ. Son premier Paris-Dakar est dur ; à Gao il a déjà semé en route son road-book et sa boussole...

Les incidents prennent parfois, malgré tout un petit air comique, même si sur le moment c'est dur... Pineau, toujours lui et toujours en 1982, franchit l'arrivée — descendu de son taxi-brousse — en poussant sa moto. Pour lui donner un coup de main l'équipe d'assistance lui propose de le remorquer vers une maison qu'ils ont louée au centre de Gao. Un Pinzgauer prend la moto en remorque au bout d'une élingue. Mais dans le sable mou la manœuvre n'est pas évidente : Jean-Noël tombe. Personne, dans le camion ne s'en est aperçu... Le véhicule continue sa route, pour la plus grande joie des Africains, en traînant la moto dans le sable pendant que l'infortuné Pineau court derrière en hurlant... Et ce n'est pas tout, après une nuit de mécanique (refaire le moteur, et réparer le réservoir qui a souffert de l'aventure du remorquage) Jean-Noël qui s'impatiente à l'interminable queue du bac entame des négociations avec un pêcheur. On charge la moto dans une pirogue. Un coup de pagaie à gauche, un coup à droite, et l'embarcation chavire en précipitant moto et pilote dans la vase du Niger.

La moto, c'est également le side-car. Ces machines étranges à trois roues dans lesquelles ni les motards purs et durs, ni les fana de la bagnole ne se reconnaissent. A chaque édition de Paris-Dakar, des équipages au gros cœur ont tenté leur chance : 10 000 kilomètres, que, pour la plupart, le passager, le « singe », doit effectuer en rappel cramponné à son panier. Des attelages brisés en deux sont abandonnés un peu partout entre Alger et Dakar. L'un d'entre eux balise depuis 1979 la piste du Tannezrouft ; la coque en polyester est décapée par le sable. En 1982, enfin, deux Allemands, Roth et Peschel, ont réussi à traîner leur side-car jusqu'à l'arrivée : 29e et derniers classés des motos. Un exploit.

Paris-Dakar pour les motards qui ont l'âme chevillée au corps doit se disputer jusqu'au bout. En fonçant en hors piste entre Quatre Chemins et Tit — difficile parfois de ne pas céder à l'envie de quitter une piste trop mauvaise — Bert Oosterhuis est tombé de sa moto. Il n'a pas pu éviter une large crevasse. Il est mort les bottes aux pieds, sur le bord de la piste. A ses copains, à tous les autres motards à travers eux, sa femme a télégraphié : « Continuez, c'est ce qu'il aurait voulu ! »

PARIS-DAKAR 1979

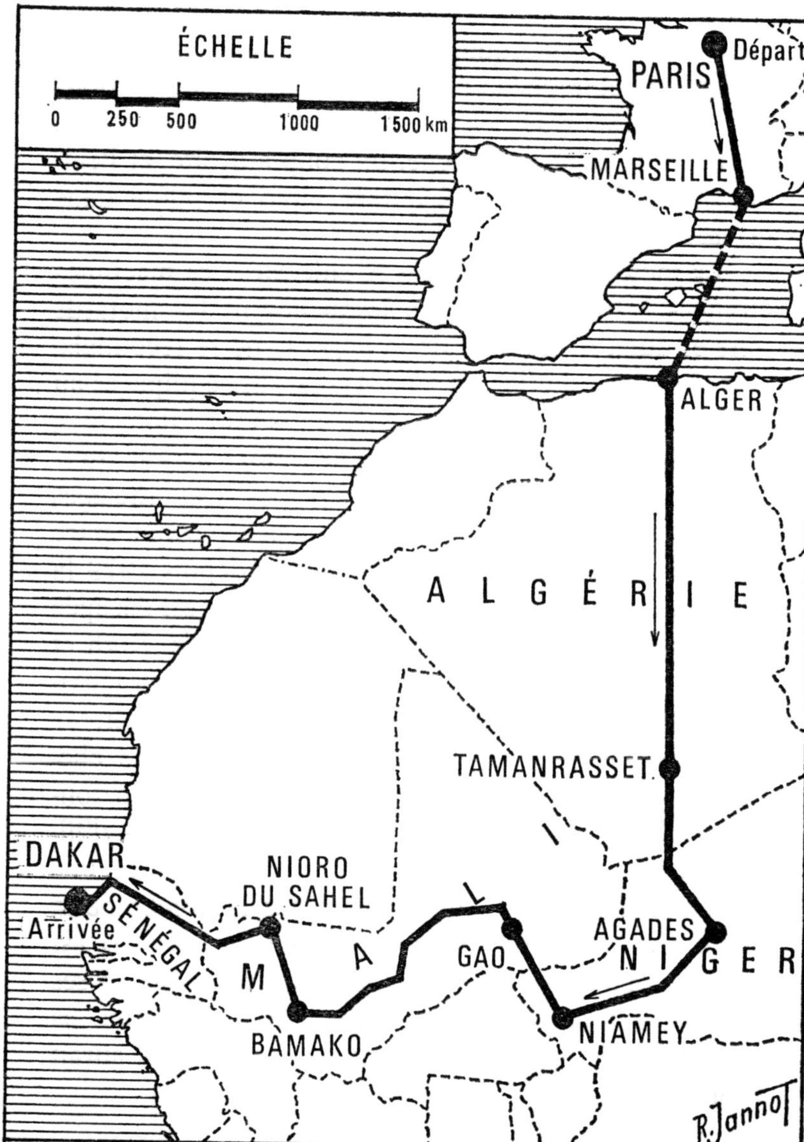

1979

Toute la France se prépare à rentrer chez elle en serrant sous le bras le dernier paquet acheté à la hâte. Au moment où dans des millions de foyers on sort la grande vaisselle, les nappes brodées et les bouteilles de derrière les fagots. Bref, le 24 décembre 1978, la veille de Noël, 87 motos et 80 voitures pataugent à qui mieux mieux sur la piste de chars d'assaut du régiment du train basé à Montlhéry. C'est l'épreuve préliminaire, le prologue du premier Paris-Dakar. Un événement qui permet à la presse, toujours avide d'information en période de fin d'année de battre le tambour : « Voici les aventuriers du piston. »

Max Meynier, l'animateur des « Routiers sont sympa », suit tout le rallye en essayant de couvrir l'information du mieux possible et surtout de transmettre les « nouvelles du bled » en Europe, à ceux qui sont restés.

Le maire de Dakar donne le vrai départ, au matin du 26 décembre, place du Trocadéro. Il y a déjà des problèmes. Jean-François Dunac se lève trop tard pour partir à l'heure. Jean-François Piot, le team manager de Honda se frotte à la maréchaussée qui assure le service d'ordre place du Trocadéro, et commence le rallye au commissariat. Par les nationales 6 et 7 les concurrents foncent dans l'hiver vers Marseille.

Grâce à Max Meynier qui s'agite beaucoup avec son micro, toute la France dresse une haie le long de la route pour voir passer cette étrange caravane. A Sète les médecins de l'assistance médicale vaccinent les distraits — et ils sont nombreux — qui ont négligé cette petite formalité. Et distribuent généreusement des médicaments anti-mal de mer...

Quand le bateau accoste un jour et demi plus tard dans le port d'Alger, le pays porte le deuil de son président. Mais les autorités n'ont pas oublié le rallye. Elles ont constitué une escorte qui emmène les concurrents vers Laghouat, la porte du désert. La nuit est glaciale. Les motos des motards de la gendarmerie algérienne tombent en panne. Les gendarmes qui ne sont pas en panne sont frigorifiés — ils sont mal équipés — et s'arrêtent trop souvent pour se réchauffer au hasard d'un feu. Exténuée, la caravane atteint son bivouac passé 3 heures du matin. Et tandis qu'un haut-parleur hurle des airs — locaux — guillerets et entraînants, chacun se glisse, le ventre vide, dans son duvet gelé. Le ventre vide, car il n'y a pas encore d'assistancenourriture, pas de cantines ambulantes et généreuses, pas de cuisines mobiles fumantes. Rien. Chacun doit emmener ses provisions. Alors quand on est fatigué on ne mange pas. On essaie de dormir.

La nourriture sera le vrai problème de ce premier Paris-Dakar. Des nababs ont transformé leur voiture en véritable épicerie. Des fourmis thésauriseront tout au long du rallye les moindres miettes et termineront avec de quoi nourrir un régiment. Et des cigales insouciantes n'ont rien emmené du tout. Et puis, les pauvres motards eux, n'ont pas de place — ceux qui n'ont pas d'assistance — pour emmener même le minimum pour aller jusqu'au bout. Vers la fin de l'épreuve, poussés par la faim, des concurrents ramperont dans la nuit pour chiper des provisions à ceux qui font ostensiblement bombance... Des inquiets montent même des tours de garde pour veiller sur la précieuse denrée...

Le 29 décembre tout le monde embraye sur une très longue étape : Reggane à 1 200 kilomètres de là, par Ghardaïa, El Golea et Timimoun. Un interminable ruban de goudron que beaucoup de concurrents pressés franchiront d'une seule traite. D'autres s'arrêteront en route pour coucher dans les caravansérails, manger un dernier couscous avant les choses sérieuses.

Reggane-In Salah, une spéciale de 271 kilomètres. C'est tout droit, tout plat, et déjà des concurrents se perdent. In Salah est signalé par la fumée noire de piles de vieux pneus qui brûlent. Il ne faut surtout pas céder à la tentation de couper la piste. Beaucoup brisent là définitivement leur monture. Ils ne pouvaient pas résister à l'appel de ce malencontreux raccourci : 40 kilomètres de dunes et de radiers. Eric Breton de *Moto verte* inaugure ainsi une impressionnante série de roues brisées. Sa coéquipière, Marine Renier se brise le poignet, et « Marido », une autre des filles du désert se casse la jambe.

A Paris, on est pratiquement sans nouvelles du Rallye. Les transmissions sont trop mauvaises pour que Max Meynier parvienne à donner des nouvelles abondantes et détaillées. Des concurrents qui ont abandonné, des blessés rapatriés, annoncent des choses effroyables, et débitent complaisamment un long martyrologue. Immédiatement l'opinion publique se dresse contre ce rallye infernal. Et pourtant, Paris-Dakar ne fait que débuter...

Pour fêter le Nouvel An, les concurrents s'élancent le 1er janvier 1979 vers Tamanrasset, avec l'espoir d'un hôtel — tout neuf — pour les premiers arrivés, de paillottes pour les autres, et d'un couscous...

2 janvier : la deuxième spéciale du rallye quitte l'Algérie pour repoindre le Niger. Coup de théâtre de la journée, l'un des favoris de l'épreuve, René Metge, se fâche avec son coéquipier. Il débarque sur la piste avec armes et bagages, accompagné de son mécanicien. Il termine le rallye en pilotant de main de maître la 504 d'une équipe de médecins.

Le lendemain, 3 janvier, 230 kilomètres de sable et de dunes et de piste plus ou moins visible doivent

Cyril Neveu, est jusqu'à présent le recordman toutes catégories des victoires à moto dans le Paris-Dakar. Il a gagné en 1979, 1980 et 1982.
(DPPI-Honda France)

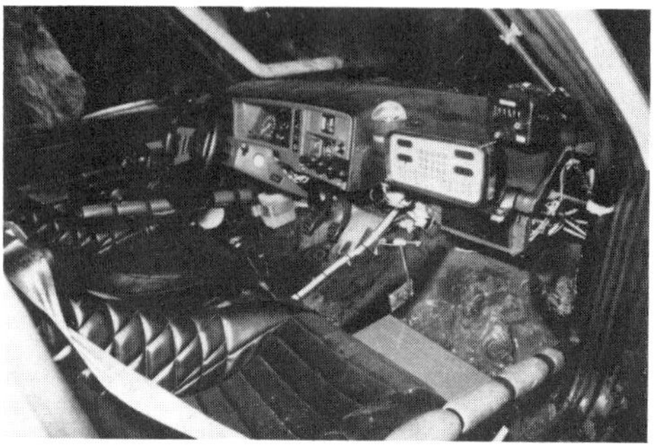

Le tableau de bord d'une voiture, la Renault des frères Marreau : on remarque le « tripmaster » qui ressemble à un taximètre, et l'ordinateur de bord.

(Renault)

Dans le désert, les motards sont livrés à eux-mêmes, la Visa de Jean-Pierre Chapel et Jean-François Dunac dépasse la moto en panne d'Antoine Martinez...

(A.F.P.)

La brousse africaine et ses pièges : la Lada de Jean-Claude Briavoine et André Deliaire fonce dans le sable entre les épineux.

(Poch. S.A.)

Les frères Bernard et Claude Marreau, vainqueurs en 1982. On remarque l'échappement extérieur qui passe sur la carrosserie.

(Renault)

« Monsieur le comte, je crois que nous sommes ensablés... » Formidable opération publicitaire, la Rolls-Royce/Toyota de Thiery de Montcorgé apporta un peu de dignité dans le Paris-Dakar.

(J. Potherat)

Seule solution pour expédier la copie au journal, la CB (interdite). Ici, Philippe Tiercin, Jean-Luc et Gilbert Roy règlent l'antenne (discrète) de la Lada de « Moto Revue .

(J. Potherat)

Le gué de Kidira au Sénégal démontre que l'Afrique réserve des pièges liquides tout aussi terribles que le sable. La Lada de Jean-Claude Briavoine et André Deliaire en 1982 s'en sort assez bien.

(D.P.P.I.-Poch S.A.)

Avec de l'eau jusqu'aux portières la CX Citroën de Luc-Alessandrini parviendra quand même sur la bonne rive, en 1981, et même à Dakar.

(Citroën)

René Metge et Bernard Giroux, vainqueurs en 1981 sur Range Rover.
(*D.P.P.I.-B.L. France*)

Christophe Neveu et Jean-Luc Roy ont fait preuve d'un courage exceptionnel en 1982 : une étape complète où le navigateur accélérait en tirant sur le câble cassé ! Emporté par leur enthousiasme ils se sont retournés avec leur Range Rover dans l'étape suivante.
(*D.P.P.I.-B.L. France*)

L'arme absolue dans les futurs Paris-Dakar? Les Mercedes — ici celui de Jacky Icks et Claude Brasseur — sont pratiquement indestructibles. Par contre, une erreur de navigation est toujours possible.
(*Mercedes*)

Dans le désert il n'y a personne... Dans la brousse pas grand monde... Mais la rencontre avec des animaux qui pèsent un certain poids est parfois désagréable.
(J. Potherat)

Economique et fiable, le « chameau du désert » contemple l'occidental pressé sur sa machine fumante et pétaradante.
(C. Lacombe-Moto-Journal)

Le visage déformé par la rage d'arriver quand même au bout, à Dakar, Thiery Charbonnier tire sa Husqvarna aidé par de la main-d'œuvre indigène.
(*A.F.P.*)

Du sable, des dunes et des cailloux, la traversée de l'Algérie est, avant l'Afrique, un « casse bagnole. Ici, la Range Rover de Lartigues et Destaillat.

(D.P.P.I.-B.L. France)

Un « rigolo de passage a modifié le V de virages, mais pour les frères Marreau, la victoire à Dakar était encore en Algérie un « mirage dangereux ».

(Renault)

Une, deux, trois, quatre Mercedes, plus le reste. Des centaines de « briques » de matériel. Plus que le budget annuel de la région. Et, insensibles à nos petits bricolages, deux Sénégalais qui font nos poubelles. Où sont les sauvages ?

(J. Potherat)

La fête au village ? Tintin au Congo ? Quand notre horde traverse en trombe la vie des Africains — ici la Range Rover de Le Gluher-Terrien — il ne reste après notre passage que de la poussière, des poules écrasées et une question : « Pourquoi les Blancs vont-ils si vite. »
(D.P.P.I.-B.L. France)

oi le soudeur « indigène de Kolokani qui épare tout avec rien nous te devons d'avoir u continuer quelques mètres de plus, et pour certains d'atteindre Dakar.
(J. Potherat)

Les « toubabous » sont fous ! Cyril Neveu fonce dans le fleuve tandis que les Africains qui connaissent le coin attendent le moment où le motard se « plantera » dans la vase, où la voiture coulera avec de l'eau jusqu'aux portières.
(DPPI-Honda France)

C'est fini ! Jean-Pierre Jaussaud, Jean-Claude Briavoine, Bernard et Claude Marreau, qui encadrent Cyril Neveu, sablent le champagne : le désert, ça donne soif...

(*Document Renault*)

L'invincible armada ? Le débarquement ? La conquête de l'Algérie ? Tout est neuf, propre; il ne manque pas un bouton de guêtre... La plupart des conquérants tomberont sur la piste.

(J. Potherat)

Lutte inégale pour un but commun : arriver à Dakar. Les camions, peu nombreux sont souvent oubliés. Les motards — ici Martine de Cortanze — mal armés sont souvent peu nombreux à l'arrivée.

(J. Potherat)

Bourré jusqu'à la gueule, le bac de Gao passe les concurrents d'une rive à l'autre. C'est peut-être le seul vrai moment dangereux du Paris-Dakar, surtout avec les camions.

(J. Potherat)

Le Mercedes de l'équipe Dc Saulleu, Groine, Malfériol — premiers des camions en 1982 — transporte un congélateur de 300 litres bourré de champagne, andouillettes, et mets raffinés. « Venez donc dîner chez nous ce soir » proposait Georges Groine...

(J. Potherat)

Claude Brasseur dans le rôle du « Fils du chèche ».
(D.P.P.I.-Mercedes)

Je ne me souviens plus du nom de ce courageux motard qui, à Djib
resserrait un à un les rayons de sa roue avec une clef à molette. Qu
cette image honore ce brave entre les braves.

(*J. Potherc*

Bernard Rigoni pendant le Paris-Dakar 1982 : en panne en plein désert il a démonté son moteur et attend patiemment son assistance.

(*Moto-Plus*)

conduire les concurrents jusqu'à Arlit. Les balisages sont pratiquement inexistants. Coup de théâtre du jour, les cinq leaders du classement général, Rayer, Olivier, Privé, Neveu et Le Guyader prennent une mauvaise direction. Ils s'entêtent dans leur erreur pendant 200 kilomètres et sont finalement remis sur la bonne piste par un chamelier : ils ont perdu sept heures. Au cours de leur errance ils sont tombés, en plein désert, sur une équipe de prospecteurs japonais qui sablaient le champagne : c'était le jour de la fête nationale japonaise.

Difficile, à l'aube du 4 janvier, de s'arracher à l'hospitalité des prospecteurs français d'Arlit, une mine d'uranium. Aujourd'hui, à travers les montagnes de l'Aïr, il s'agit de gagner Agadez à 231 kilomètres de là. Au soir de l'arrivée on trouve douze motos aux douze premières places ! Dans ce Paris-Dakar où le classement auto et moto est mélangé, on constate une spectaculaire supériorité des deux roues sur les quatre roues. Patrick Schaal sur Yamaha 500 XT est en tête. La première voiture, la Range Rover des Catel est la première quatre roues classée, en cinquième position, devant les frères Marreau. Un vent de sable qui souffle continuellement a gêné considérablement les concurrents.

5 janvier, le vent ne s'est toujours pas décidé à lâcher compagnie au rallye. Le DC 3 de l'assistance Honda est cloué au sol. Tout le monde a des yeux de lapin russe. Le manque de visibilité, à cause du sable qui se plaque sur les pare-brise, avantage considéra-

blement les motards qui creusent leur avance. A l'étape du soir, l'armée effectue le pointage : l'avion de l'organisation n'a pas pu se poser. Schaal et Neveu, à moto, sont en tête du classement général, et les frères Marreau, cinquième, sont en tête des autos. Les concurrents sont tellement épuisés, que Thierry Sabine décide de reporter d'une heure le départ de l'étape suivante. Merci mon prince !

6 janvier : En route vers Niamey, la capitale du Niger, oasis de civilisation où les affamés pourront manger tandis que les éclopés assailliront les garages. Jean-Claude Olivier, le patron de Yamaha, chute et doit abandonner la course le poignet brisé. Un superbe méchoui offert par la ville de Niamey fait, l'espace d'une soirée, oublier les petites misères du rallye.

Le lendemain il faut franchir le Niger par le bac de Gao, dont, déjà, le prix du passage augmente d'heure en heure. Ensuite, c'est le départ de la plus longue épreuve spéciale : Gao-Mopti. Les « anciens de l'Afrique », ceux qui connaissent bien cette piste pour l'avoir empruntée plusieurs fois, prédisent les pires difficultés. Alors, tout le monde fait tellement attention que ce parcours est celui où l'on enregistre le moins de casse et d'abandons... Neveu est maintenant en tête, car Schaal est tombé : fracture ouverte du petit doigt. A Mopti, la municipalité fait un accueil chaleureux à toute la caravane : des banderoles, des drapeaux et des bouquets de fleurs aux premiers arrivés. Ce n'est pas encore l'époque des coups de fusil comme pour les futurs passages du rallye... Il ne reste plus que 91 concurrents dont 47 motos.

Mopti-Bamako : encore une descente vers une ville, cette fois-ci, la capitale du Mali. Ce premier rallye traverse de nombreuses villes, pour d'évidentes raisons de ravitaillement. Plus tard, quand l'organisation se sera assurée le concours d'Africatours, les villes seront évitées comme la peste. En fait, le passage des concurrents du Paris-Dakar, considéré comme une rare aubaine tombée du ciel pour tous les Africains qui savent se débrouiller, est aussi pour certains commerces, une calamité pire qu'un vol de sauterelles accompagné d'une armée de termites. L'hôtel de l'Amitié, un palace incongru dans cette capitale invraisemblable qu'est Bamako, accuse un lourd déficit après le passage du rallye...

Bamako-Nioro, une étape aux innombrables pistes parallèles au cours de laquelle les autos comptent bien revenir sur les motos. La première voiture classée est en effet à trois heures dix minutes de Cyril Neveu et sa Yamaha...

A l'exception de Vassart, toute la troupe arrive de nuit au bout de ces 420 kilomètres éprouvants et interminables. Un certain nombre de concurrents épuisés s'arrêtent en route pour manger dans un village, puis repartent en convoi derrière Max Meynier. Sollicité d'assouplir son règlement, Thierry Sabine décide de ne pas appliquer toutes les pénalités pour les retardataires.

Le 12 janvier, il faut quitter la ville la plus torride de la terre, Nioro du Sahel, pour rejoindre une ville certainement aussi grillée par le soleil : Kayes. Vassart y arrive à pied en poussant sa moto. De trop nombreux concurrents ont cassé leur voiture ou brisé leur moto. La piste était très dure. Les épineux ont entraîné de nombreuses réparations de roues, sur le bord de la piste : en plein soleil, et dans la poussière.

Kayes-Kidira : le rallye touche à sa fin et pénètre au Sénégal : Martine de Cortanze, en franchissant une rivière sur un pont de chemin de fer fait une chute : elle demeure suspendue par les mains dans le vide. A 30 mètres des cailloux qui brillent sous elle...

Bakel-Louga, Louga Dakar : le premier Paris-Dakar est fini. Le vainqueur est un jeune Orléanais de vingt-deux ans : Cyril Neveu. Grâce à lui, Yamaha vient de remporter le premier Paris-Dakar. La première voiture, la Range Rover de Lemordant-Ginestier-Terbiaut est à la 4e position du classement général. Il n'y a que 69 concurrents classés à l'arrivée.

Mais loin de l'allégresse sénégalaise qui s'empare des rescapés du rallye, les nuages noirs s'amoncellent... Dans la vieille Europe toute engourdie par les rigueurs de l'hiver, les passions se déchaînent contre le Paris-Dakar. Il y a eu un mort, un motard qui roulait vers le point de départ sans casque. Un accident stupide qui aurait pu arriver n'importe où : une mauvaise chute et la tête qui porte sur une pierre. C'est suffisant pour que de bonnes âmes réclament la fin, l'interdiction pure et simple, du « Rallye meurtrier ». Le président de la Fédération internationale du Sport automobile, Jean-

Marie Balestre, avec la diplomatie qui le caractérise, ordonne qu'à l'avenir il soit établi un classement séparé entre les motos et les voitures et camions. Ce sera inauguré dès le deuxième Paris-Dakar...

RESULTATS

1er RALLYE OASIS PARIS DAKAR

CLASSEMENT GENERAL 1979

1er	Neveu Cyril	Yamaha 500 XT	1 068 points	1er Moto
2	Comte Gilles	Yamaha 500 XT	1 142 points	
3	Vassard Philippe	Honda 250 XLS	1 181 points	1er 250 C.H.
4	Genestier/Terbiaut			
	Lemordant	Range Rover	1 278 points	1er 4 x 4
5	Marreau Cet B.	R 4 Sinpar	1 418 points	
6	Schaecht Alain	Honda 250 XLS	1 479 points	
7	Giraudo/Cavalleri	Fiat Campagnola	1 487 points	
8	Rayer Christian	Yamaha 500 XT	1 488 points	
9	Carletti T. et L.	Fiat Campagnola	1 508 points	
10	Pichot/Van-			
11	dekerhove			
	Duterty	Toyota	1 521 points	
	Maitrot Jacques	Honda 250 XLS	1 529 points	
12	Auriol Hubert	Yamaha 500 XT	1 534 points	
13	Neimer Bernard	Honda 250 XLS	1 543 points	
14	Atanne Bernard	Honda 250 XLS	1 627 points	
15	Gomis Laurent	Suzuki 370 SP	1 630 points	
16	Rigal/Rochette	Range Rover	1 692 points	
17	Tocci/Fucci	Fiat Campagnola	1 737 points	
18	Chambili/Desaunay	Toyota	1 739 points	
19	de Cortanze Martine	Honda 250 XLS	1 743 points	1re femme
20	Dos Reis J. Pierre	Honda 250 XLS	1 747 points	
21	Albaret Guy	Yamaha 500 XT	1 754 points	
22	Padou Alain	Honda 250 XLS	1 756 points	
23	Ignazi/Ratet	Toyota Diesel	1 786 points	1er Diesel

49	Forestier/Meneau	Toyota D.	2 387 points	
50	Vial Alain	Suzuki 370 SP	2 483 points	
51	Kurrer/Henriet	Cournil	2 467 points	
52	Sezalory/Casarini/ de Fremont	Toyota	2 475 points	
53	Lemonnier BetJ	Toyota Diesel	2 478 points	
54	Mr et Me Sarrazin	Range Rover	2 682 points	
55	Fondrillon/Shaecht	Toyota	2 714 points	
56	Hugueny/Trevidic	Toyota Diesel	2 811 points	
57	Piot/Raux/Boulme	Toyota	2 874 points	
58	Commencal Max	Yamaha 500 XT	2 874 points	
59	Petit/Mare	Unic 75 PAC	2 875 points	1er 4 x 4 7,5 t
60	Calamel M. et M.	Land Rover	2 908 points	
61	Banino/Legourrierec	Toyota Essence	2 917 points	
62	Clement Mr et Me	Land Rover	2 928 points	
63	Leconte Guy	Yamaha 500 XT	3 045 points	
64	Roghe Thierry	Honda 250 XLS	3 046 points	
65	Verhaeghe Grégoire	Honda 125 XLS	3 100 points	1er 125 Honda Plus méritant
66	Belleville/Chapel Sannier	Range Rover	3 118 points	
67	Alexandre/Puren	Range Rover	3 142 points	
68	Guillot/Pradeau	Cournil Diesel	3 290 points	
69	Turcat/de Araujo	Cournil Diesel	3 445 points	
70	Chamagne/Therage	Peugeot 504		
71	Nollan/Hayat/ Domblides	Renault KZ		
72	Mekki/Neault	190 PAC		
73	André/Puyfoulhoux		Peugeot 404 plateau	H.-C.
74	Bouille/Morel		R 5	H.

En 1979, les motos, autos et camions étaient classés tous ensemble.

PARIS-DAKAR 1980

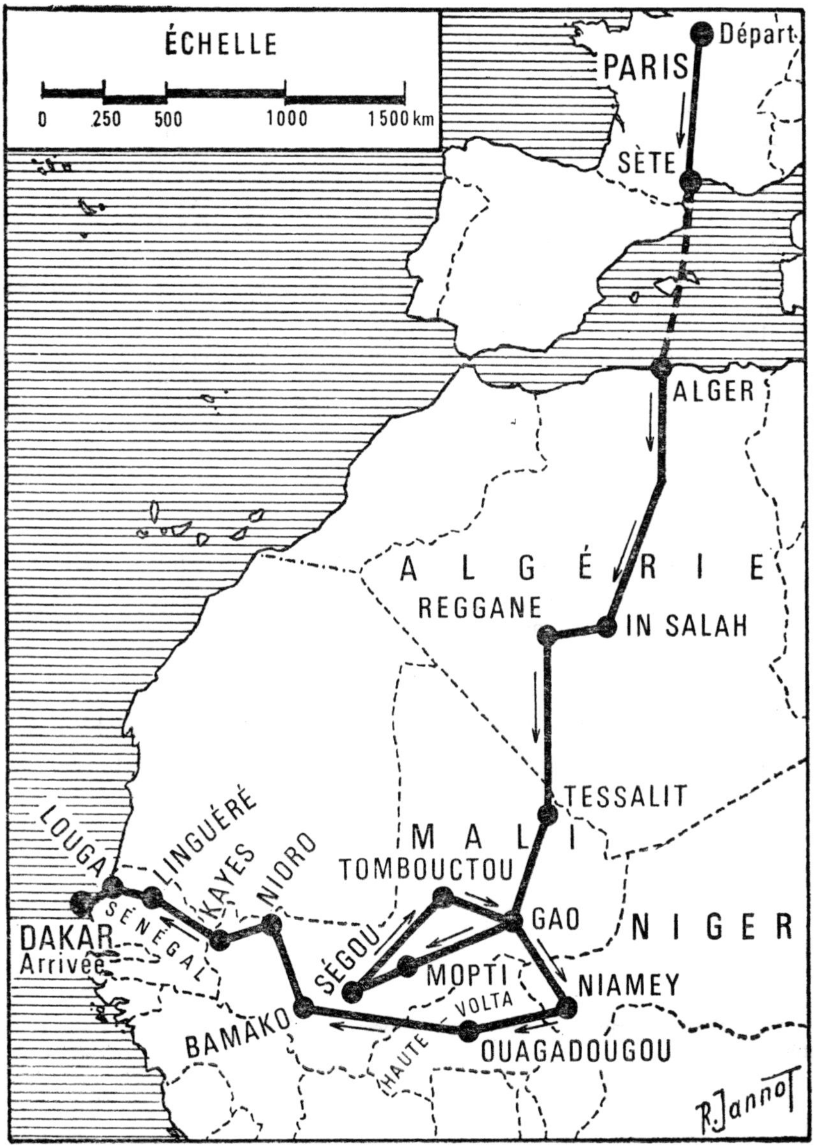

1980

Bonne année. Le Nouvel An 1980 offre une attraction de choix. Sur la place du Trocadéro, les 210 véhicules alignés pour le départ du 2e Paris-Dakar brisent la grisaille ambiante de leurs couleurs bariolées. Cette étrange armée d'engins spéciaux, hérissés de bidons et de phares, se lance à l'assaut de la plus longue course de l'année : 10 000 kilomètres.

Malgré le forfait de Honda et le désintérêt de la majorité des grandes firmes automobiles le matériel est imposant. Yamaha aligne officieusement six 500 pour Neveu, Comte, Rayer, Merel, Pineau et Breton. Ce sont les favoris. Auriol et Fenouil prennent le départ sur des B.M.W., plus lourdes, mais plus rapides que les Yamaha. Côté folklore, Vespa marque incontestablement un point. Il s'agit de prouver que quatre scooters sont capables de traverser le désert aux mains de Bernard Neimer, Yvan et Bernard Tcherniavsky, et Marc Simonot. L'assistance des Vespa est impressionnante :

quatre voitures tout terrain pilotées par quatre as du volant, Piot, Pescarolo. Trautman et Hanrioud !

Bien entendu des filles entendent en remontrer aux machos : Martine de Cortanze et Marie Ertaud sur Yamaha 500 XT, Christine Martin et Nicole Maîtrot sur 250 XLS.

En face des 89 motos engagées, une bonne centaine de voitures vont tenter de démontrer, comme dans la brousse, que la puissance du lion est supérieure à l'agilité de la gazelle... Les frères Marreau, les renards du désert, ont magnifiquement préparé leur Renault 4 Sinpar à moteur Alpine 1500 ! Vieux routier également, des pistes africaines, Jean-Claude Briavoine met au service de Lada toute son expérience et son talent. En deux roues motrices le rédacteur en chef de *l'Auto Journal,* André Costa, aligne une Citroën CX 2400 d'usine. Les nouvelles Volkswagen Iltis, à quatre roues motrices intriguent tout le monde. Le folklore n'est pas non plus oublié : quatre voitures anciennes vont tenter de retrouver leurs jeunes années sur les pistes.

Dans une ambiance de fin de réveillon où des fêtards arborent encore des cotillons, les concurrents quittent la place du Trocadéro à 9 heures du matin derrière la 125 Yamaha de Boisgontier — plus « petit » concurrent engagé. Deux heures plus tard, la cohorte émerge du brouillard pour s'enliser dans le terrain militaire d'Olivet près d'Orléans. De nombreux spectateurs sont venus assister à cette épreuve spéciale qui doit déterminer les places pour le départ des choses « sérieuses » à Alger.

Mini prélude aux sables africains il s'agit de cinq kilomètres de sable détrempé — un piège — et de bourbiers en forêt. C'est très dur pour les motos. Les cinq frères d'Aboville — Gérard ramera en solitaire à travers l'Atlantique — se mettent ensemble la tête dans le sable au premier tour de roue. Les quatre Vespa montent un « coup ». Leurs pilotes d'assistance se battent pour être bien classés, tandis que les Vespa briguent les dernières places. Objectif : que l'assistance en tête des voiture ne soit pas loin des Vespa en queue des motos.

Pour la première fois les plaques de désensablage sortent des coffres. En moto, Cyril Neveu — vainqueur du Paris-Dakar 1979 — se classe en tête à Olivet. La première voiture, la Lada de Briavoine n'est que 16ᵉ. Le splendide buggy de Sunhill est tombé en panne sèche dans la spéciale. Planson a déjà fini la course : l'embrayage de son 4 × 4 Oldsmobile a rendu l'âme.

C'est ensuite la descente vers Sète, par Limoges et Toulouse avec les innombrables plaques de verglas qui luisent dans les phares. Et l'embarquement commence le soir du 2 janvier à Sète.

Les Algériens de Sonacome qui engagent trois camions dans le rallye organisent une formidable grande bouffe pour les concurrents débarqués à Alger. Et la caravane s'enfonce bien tard en direction de Moudjbara à 320 kilomètres de la capitale. C'est une superbe route touristique qui serpente dans la montagne. Après Djelfa il ne reste que 30 kilomètres de piste défoncée pour atteindre l'étape et dérouler rapidement son duvet dans la nuit glacée. Dans ce mauvais tronçon, parcouru de nuit, Desheulles et Vassard heurtent un rail de chemin de fer abandonné en travers de la piste : légère entorse du poignet pour Desheulles.

5 janvier ; les concurrents sortent de leurs duvets couverts de givre. Ils doivent parcourir une étape de liaison de 330 kilomètres jusqu'à Ghardaïa, après une petite « spéciale » de 38 kilomètres jusqu'à Messad. Cyril Neveu réalise le meilleur temps en 22' 15" précédant de 20 secondes la B.M.W. d'Hubert Auriol. Jean-Claude Briavoine — première voiture — n'occupe que la 10e position.

Albaret tombe de sa moto : il se fracture le pouce. Courageusement il continue en fixant sa main blessée sur la poignée tournante au moyen d'un élastique. Les réservoirs spéciaux des Yamaha de Rayer, Pineau, et Comte fuient déjà comme des paniers percés.

Cette petite spéciale qui confirme l'avantage des deux roues se poursuit en étape de liaison jusqu'à Ghardaïa : 170 kilomètres sur une piste qui longe un pipe-line et rejoint la route transsaharienne goudronnée après Laghouat. Il reste ensuite 130 kilomètres sans histoires jusqu'à Ghardaïa. Christophe Neveu est second derrière Briavoine ; il pilote un Range Rover pick-up. Derrière, se trouvent Jean Ragnotti et sa Volkswagen Iltis, Jean-Pierre Kurrer sur Cournil.

Longtemps après que les concurrents les plus épuisés se soient enfoncés dans leurs duvets retentissent les joyeuses pétarades des mousquets berbères qui fêtent à leur manière cet événement. Des feux de bois — il fait encore très froid — brillent au creux des dunes.

Le 7 janvier, entre In Salah et Reggane, dans la plaine du Tidikelt, 275 kilomètres de piste assez roulante mais toujours caillouteuse constituent le vrai début de ce rallye qui a quitté Paris depuis déjà six jours.

A l'étape du soir, Eric Breton signe le meilleur temps à la moyenne stupéfiante de 123 km/h. En deuxième position, première voiture classée Christophe Neveu place sa Range Rover. On trouve derrière dans l'ordre Fenouil et sa B.M.W., les frères Marreau et leur Renault 4, Hubert Auriol et sa B.M.W et la CX 2400 deux roues motrices d'André Costa. La lutte entre autos et motos est très serrée. Chez les camions aussi : René Metge occupe la 90e place sur les 184 concurrents classés avec son gros Leyland de 26 tonnes. Les favoris jouent de malchance. Cyril Neveu et Jean-Claude Briavoine se sont égarés du côté de la palmeraie d'Aoulef, perdant ainsi un bon quart d'heure. Briavoine, en plus, a crevé deux fois. Dans la palmeraie, Desheulles, Rayer, Fenouil et Auriol ont également hésité. Pascal Boujieau en B.M.W. s'est perdu. Il va errer dans le désert pendant quatre jours avant de tomber sur des touaregs qui le recueilleront à moitié mort de soif. Jean Ragnotti décolle avec son Volkswagen Iltis, sur une bosse plus importante que les autres : il retombe et perd une roue.

Au sud de Reggane, il n'y a plus de route : 1 300 kilomètres sans rien jusqu'à Gao ! Cette immensité va se courir en deux étapes. D'abord la sixième étape Reggane-Bordj Mokhtar à travers l'infini sabloneux du grand Tannezrouft — le désert de la soif. C'est le nom que les touaregs ont donné à ce néant au relief lunaire balayé d'effroyables vents de sable. Rien n'y pousse, pratiquement rien n'y vit.

Ces 630 kilomètres de sable plutôt mou demandent beaucoup de puissance. Il n'y a pratiquement pas de pièges. Parfois des pistes parallèles, parfois de la tôle ondulée, parfois des ornières. Un billard assez favorable à la vitesse, mais ce jour-là un vent de face assez violent ralentit les concurrents. Le départ est donné quatre par quatre : on ne risque guère de se gêner. A l'ouest, 1 800 kilomètres de « plage » jusqu'à l'Atlantique ; à l'est les montagnes du Hoggar sont à 400 kilomètres !

Dans cette étape, particulièrement roulante, les voitures font la pige aux motos et regagnent du terrain. Auriol tombe dans un trou à 10 kilomètres du départ. Plus tard il fait un surrégime sur une bosse où il décolle à 160 km/h ! Une soupape touche le piston. Sur le bord de la piste il attend deux heures et demie son assistance. Rayer casse sa chaîne de distribution et attend pendant cinq heures son assistance. Beaucoup de motos ont souffert du train infernal du Tannezrouft : moteurs serrés, gicleurs bouchés, réservoirs percés...

Jean Ragnotti, premier au classement général de l'étape, a traversé le désert à 115 de moyenne. Six autres voitures le suivent, dont, immédiatement derrière, André Costa et sa Citroën CX qui prend du coup la première place du classement général du rallye. Jean-Claude Briavoine qui a cassé un roulement de roue au kilomètre 60 attendra longtemps son assistance et perdra du même coup toutes ses chances de finir en tête à Dakar.

Tard dans la nuit, les concurrents se présentent au contrôle d'arrivée placé près du poste de douane algérien. La nuit sera trop courte pour de nombreux concurrents : il faut faire la queue pour ravitailler en carburant à un unique camion-citerne. Des malchanceux prendront même le départ en retard.

Bordj Mokhtar-Gao, 675 kilomètres de souffrances avant de parvenir dans la majestueuse boucle du Niger. Très dur pour ceux qui n'ont pas dormi. Jusqu'à un petit poste frontière malien de Tessalit — et son étonnante cambuse style colonial rétro — c'est encore la fin du désert de sable, et sa double haie d'épaves de bagnoles, vestiges des tentatives malchanceuses des passeurs de voitures.

Et soudain, le sable s'arrête sur une roche volcanique couleur de cendre. La piste, étroite et sinueuse est un véritable casse-moto, casse-voiture. Plus loin, c'est la terrible Marcouba, un banc de sable en pente, mou, où s'enlisent les deux roues motrices. Ensuite, les derniers deux cents kilomètres vers Gao consistent à éviter, en plus des embûches du terrain, les chameaux, les ânes couchés en travers de la piste. A éviter les enfants qui traversent. Auriol fonce en tête et remporte cette étape. Il a couvert les 675 kilomètres en 6 h 26' 30" ! Il est le seul à avoir devancé quatre voitures très rapides, les Volkswagen Iltis de Kotulinsky, Ragnotti et Zaniroli et la Renault 4 des frères Marreau. Eric Breton réalise un exploit : 380 kilomètres avec un pneu crevé à l'avant. Il fera quand même le neuvième temps de l'épreuve. Record des crevaisons à moto, Burgat crève quatre fois. Mais il répare six fois : son coéquipier Albaret, au pouce cassé ne peut se dépanner lui-même.

Catastrophe pour les motos, le camion de ravitaillement fuit : il a perdu 2 000 litres de carburant dans le sable. Les motos sont rationnées : 20 litres après 350 kilomètres de course. Les victimes sont innombrables : Lloret, Desheulles, Vassard, Neveu, Merel. Certains seront dépannés par des voitures charitables, d'autres non.

Toute la nuit, les traînards, les éclopés arrivent harassés à Gao. Mais, pour tout le monde, le lendemain c'est jour de repos. Et pour la ville, commence alors une opération d'arnaque organisée. Un rezzou comme même les touaregs n'osent plus en faire...

L'hôtel de l'Atlantide — le seul hôtel de Gao — est plein à craquer avant même l'arrivée du rallye. Cet estanco en forme de caravansérail a pour lui un seul atout : une bière fraîche. Et un semblant de confort moderne — essentiellement des tables et des chaises — qui rassurent les toubabous en peine de civilisation.

Ceux qui ne sont pas trop mal en point s'échappent vite de cette rive maléfique en sautant dans le bac. Les autres rôdent en ville en quête d'une pièce détachée, d'une soudure, d'un coup de main... Il reste encore 160 véhicules en course.

Gao-Mopti : 8e étape, 550 kilomètres atroces. Après 150 kilomètres de sable à peu près convenable, la piste offre un concentré de tout ce que l'Afrique possède comme pièges : le sable, les crevasses, les cailloux. Sous le soleil de plomb le relief disparaît. Il faut piloter d'instinct. Les villages dorment, écrasés de chaleur, malgré les palissades qui entourent les cases. Nobles, fiers, les Peuls assistent sans sourciller à cette sarabande des Blancs qui les dépasse.

Dans la poussière épouvantable, collante, omniprésente, soulevée par les concurrents qui précèdent, on distingue les extraordinaires silhouettes des monts Hombori, de la main de Fatma, sortes de gâteaux de riz plantés dans la brousse. La chaleur tremble sur une étendue plate et brillante comme le lac Salé. Avantage pour les motos, plus légères. La piste est cassante pour les voitures.

En tête, Eric Breton casse au bout de 150 kilomètres. Son moteur casse. L'assistance a cassé également. Breton rejoindra Mopti en stop. La course est finie pour lui, et Auriol fonce maintenant en tête avec sa B.M.W.

René Metge casse son camion, répare, et perd beaucoup de temps. De nombreux motards sont tombés et, blessés, doivent être évacués : Léandri, Jacques Maîtrot, Gilles Maurice.

Au classement général les autos sont encore en tête : Kotulinsky, les frères Marreau, Zaniroli et Christophe Neveu. Mais les motos se rapprochent : Lloret est 5e, devant Auriol, Merel, Neveu et Loué. Albaret, et son pouce cassé, est toujours là. Dans la nuit chaude de Sévaré, un faubourg de Mopti, les concurrents arrivent tard dans la nuit.

Pas de grandes difficultés pour la neuvième étape Mopti-Niono, un parcours de liaison qui emprunte une piste roulante goudronnée jusqu'à Segou. Avec son allure de vieille ville coloniale un peu délabrée, Niono offre une étape accueillante aux concurrents. Metge a pris 5 h 30 pour remettre son camion à peu près en état. Rayer tire à la ficelle Comte dont la moto est en panne. Des concurrents sont hébergés chez l'habitant, souvent chez des Européens coopérants ou techniciens. Merel et Pineau ont transformé la villa du missionnaire en garage...

Tombouctou, la ville sainte, se dresse au terme de la dixième étape. Après 570 kilomètres d'un parcours à nouveau éprouvant pour tout le monde. La fatigue des jours précédents s'accumule. De Niono à Tombouctou la piste est inconnue pour la majorité des concurrents. Une piste éprouvante, changeante, qui sinue entre les arbres. Et sur les 100 derniers kilomètres, le piège de grosses dunes de sable mou. Un terrain, comme la veille, favorable aux motos.

Et pourtant c'est une voiture qui, la première,

freine entre les maisons en terre sèche de Tombouctou. Jean Ragnotti et sa Volkswagen Iltis devancent de 8 minutes la première moto, la K.T.M. de Gilles Desheulles. 4 minutes derrière, Lloret — tombé deux fois — crevé de l'avant, et Auriol — amortisseur tordu depuis 270 kilomètres — suivent à 4 minutes. Deux motos derrière encore, Neveu et Vassard, précèdent la deuxième auto, la Volkswagen Iltis de Kotulinsky qui s'est perdu.

Sunhill prend la tête des deux roues motrices avec son Buggy. Pour beaucoup la course s'arrête à Tombouctou : les Lada « officielles », la Citroën de Costa... Tcherniavsky abandonne sa Vespa. Neimer est sur le point d'en faire autant.

Courageusement les frères Marreau se sont arrêtés en route pour secourir un motard tombé au milieu de la piste. Plus tard ils auront un ennui de pont et termineront en deux roues motrices. Il ne reste plus que 118 concurrents en piste, sur les 210 partants. Il reste 4 000 kilomètres à parcourir.

Tombouctou-Gao : avec la 11e étape, se referme la boucle Gao-Gao. Sablonneuse, la piste longe les méandres du fleuve Niger. C'est bourré d'épineux, il faut slalomer entre les arbres, et sur la fin foncer dans les pierres. Le match auto-moto continue de plus belle.

Auriol se présente le premier à Gao. Il fonce sans regarder le road-book et tombe dans un trou. Il termine avec la jante arrière tordue et une énorme hernie à la chambre à air pendant 100 kilomètres. Belle étape pour les motos : il y en a huit en tête. Et quatre autos seulement sur les vingt premiers classés... Christophe Neveu, Kotulinsky, Zaniroli et Ragnotti. Avec sept crevaisons, les frères Marreau ont perdu plus d'une heure et terminent sur les jantes.

A Gao, l'hôtel de l'Atlantide est aussi bourré que la première fois. On y retrouve des concurrents qui ont abandonné deux jours plus tôt. Mais des pièces sont arrivées par avion pour ceux qui terminent le voyage.

1 308 kilomètres à parcourir en moins de trente-six heures. Rien que ça. Et encore Thierry Sabine a rallongé le délai de huit heures sous la pression des concurrents. Une trop longue étape de liaison. D'interminables pistes de latérite. Des pistes larges, mais sillonnées de gros camions et, entre Niamey et Ouagadougou, creusées d'énormes trous. Pour la plupart des concurrents il va falloir rouler dans la poussière, sur une piste rapide mais pourrie, aveuglés par les phares des camions. Sans lumière, Neveu roule dans le sillage de Ragnotti. Gilles Desheulles attend longtemps sa voiture d'assistance qui crève sept fois ; il prendra dix heures de pénalité. La voiture d'assistance B.M.W. est hors course.

A l'arrivée à Bobodioulasso, le Ran Hôtel offre des jardins paradisiaques. En se rafraîchissant, les rescapés commentent l'incroyable événement : Hubert Auriol est disqualifié. Sa boîte de vitesses avait lâché à 30 kilomètres de l'arrivée. Que s'est-il passé dans sa tête à ce moment-là ? La fatigue excuse bien des choses... Il a pris un « taxi-brousse » qui l'a déposé pile devant le contrôle. Le commissaire du rallye n'a eu qu'à réveiller Auriol assoupi.

17 janvier, 13e étape, Bobodioulasso-Koloko-Bamako-Kolokani : 663 kilomètres. Cette étape se divise en trois parties. Bobodioulasso-Koloko : 122 kilomètres de spéciale, un tracé court mais sélectif sur un terrain défoncé, du rocher, des crevasses. Une piste cassante environnée de brousse. Repos entre Koloko et Bamako où il s'agit d'avaler 400 kilomètres de goudron. Ensuite de Bamako à Kolokani il n'y a que 125 kilomètres d'une piste supportable.

Merel remporte sa première victoire d'étape sur Yamaha, devant Cyril Neveu, avec une seule minute d'avance. Burgat perd 1 h 20 à cause de deux crevaisons de l'arrière. Albaret crève sur le seul clou de la piste ! Il reste encore trois filles en course et Christine Martin est 23e au classement général de l'étape.

Les 97 rescapés bénéficient d'une journée de repos dans le petit village de Kolokani. Ils sont insensibles aux danses folkloriques. Le vieux grigou qui tient la buvette augmente ses prix d'heure en heure. Mais beaucoup sont allés jusqu'à Bamako. L'hôtel de l'Amitié est pratiquement mis à sac. La gare de chemin de fer est prise d'assaut. Il faut trouver une place pour expédier jusqu'à Dakar une voiture trop fatiguée et ainsi attraper le bateau pour la France. Autour de l'aéroport on attend des pièces détachées venues d'Europe.

L'étape épouvantail — Kolokani-Nioro du Sahel —, longue de 300 kilomètres, n'aura pas été aussi dure que certains le redoutaient. Mais en se perdant dans les nombreuses pistes parallèles, puis avec une ultime sortie de route — il s'enlise dans un gué — Kotulinsky perd tout l'avantage acquis depuis le Sahara. Les 280 kilomètres d'ornières particulièrement profondes, la rocaille coupante, les pistes parallèles qui partent dans tous les sens, sont avalés par Cyril Neveu en 4 h 2' 30". Moins heureux, son frère Christophe éclate avec sa Range Rover qui part en zigzagant entre les arbres : il ne gagnera pas le Paris-Dakar.

Le terrain a changé d'une année sur l'autre. La pluie a emporté le « fech-fech » de l'an passé et certains trous ont été comblés. Pas tous cependant. A plus de 100 km/h, Lloret tombe dans un de ces trous. Il se relève poignet cassé et termine 16e de l'étape. Pineau tombe dans le même trou. Il chute sur la tête ; son casque s'ouvre en deux. Sonné il remonte sur sa moto et repart en trombe. Il ne réalise qu'il est dans le mauvais sens qu'une fois avoir croisé Comte. Il fait demi-tour et termine 6e ! Desheulles percute un arbre, se relève une côte fêlée et perd cinq heures.

Cyril Neveu sur Yamaha a couvert l'épreuve en 4 h 2' 3" suivi de sept autres motos. Les frères Marreau placent leur Renault 4 — première voiture — à la neuvième position, suivis de Zaniroli sur Volkswagen Iltis et Cotel sur prototype Buggy.

20 janvier : Nioro-Kayes-Kidira-Bakel. La traversée du Sahel. Une étape de 600 kilomètres dont une « spéciale » de 247 kilomètres : Nioro-Kayes. Sables, trous rocheux, on retrouve le parcours de l'an dernier. Tout le reste c'est le relatif confort moral d'une étape

de liaison ! Ça sent l'écurie. Plus on se rapproche du Sénégal, plus le moral augmente. Ceux qui comme Albaret — pouce cassé depuis des semaines — ou Lloret — fraîchement plâtré — s'accrochent à leur guidon, retrouvent sans cesse de nouvelles forces.

Le parcours de la spéciale, très accidenté, favorise encore une fois les motos. Quatre voitures seulement — les étonnantes Volkswagen Iltis — réussissent à se classer dans les vingt premiers. Vassard prend la tête de l'étape. Le malheureux Albaret a bloqué ses deux amortisseurs à 50 kilomètres du départ. Martine de Cortanze fait une mauvaise chute et sa moto prend feu. Comte termine la course en se fracturant une maléole.

Au gué de Kidira, les voitures ont de l'eau jusqu'au volant. C'est pire pour les motards. Il ne reste plus que deux femmes dans cette spécialité, Christine Lefort avec sa Honda 250 XLS et Nicole Maîtrot.

16e étape : Bakel-Linguéré. Cette étape de liaison de 369 kilomètres se passe sans problème sauf pour Burgat et Lloret. Burgat casse son moteur. La réparation est rapide (45 minutes) ; en fonçant il parvient à rallier le contrôle 3 minutes avant son délai de pointage. La veille, les médecins ont décidé de percer le douloureux hématome qui enflamme le genou de Lloret. Il en sort un bol de pus... Soulagé, mais toujours poignet cassé, et conduisant d'une main, il brise sa chaîne et conserve de justesse sa place derrière Fenouil.

22 janvier : 17e et avant-dernière étape. Elle est découpée en trois : Linguéré-Dara en liaison ; Dara-

Louga, une spéciale de 86 kilomètres ; et Louga-Lampoul à nouveau en liaison. Comme la veille, Vassard et Burgat prennent les deux première places. Pourtant Burgat s'est perdu, il a suivi une voie ferrée du mauvais côté. C'est ainsi que Albaret se fait doubler trois fois par Burgat alors que lui-même ne l'a jamais passé... A l'arrivée, le Buggy de Cotel devance le Volkswagen Iltis de Kotulinsky.

Le soir, sur la plage de sable blanc, les rescapés tirent en feu d'artifice toutes les fusées de détresse qu'ils savent ne plus avoir à utiliser. Africatours distribue à tout venant les rations qui restent. C'est la fin du long chemin de croix volontaire. Les combinaisons culottées, cèdent la place aux T-shirts propres que l'on avait gardés pour l'arrivée.

Lampoul-Kaya-Dakar, le 23 janvier. Ce n'est plus qu'une promenade au ras des vagues sur 80 kilomètres de plage à marée basse. Premier à l'étape, Fenouil ne parvient pas à grignoter les 14 minutes qui le séparent du courageux Lloret. Cyril Neveu, à 23 ans, réalise l'exploit d'un doublé dans le Paris-Dakar. Freddy Kotulinsky sur Volkswagen Iltis remporte la catégorie voiture quatre roues motrices, et Yves Sunhill celle des deux roues motrices avec son prototype Buggy.

CLASSEMENT GENERAL 1980

FINAL SCRATCH

1. Cyril Neveu (500 Yam) 46 h 32 mn 47 s.
2. Merel (500 Yam) 47 h 17 mn 58 s.
3. Kotulinski (VW Iltis) 48 h 24 mn 36 s.
4. Zaniroli (VW Iltis) 48 h 36 mn 39 s.
5. Pineau (500 Yam) 49 h 12 mn 53 s.
6. Marreau (R4 Sinpar) 49 h 35 mn 18 s.
7. Lloret (500 Yam) 49 h 56 mn 26 s.
8. Ragnotti (VW Iltis) 50 h 23 mn 29 s.
9. Fenouil (800 BMW) 50 h 06 mn 20 s.
10. Vassart (250 KTM) 52 h 19 mn 46 s.
11. Padou (500 Yam) 52 h 27 mn 05 s.
12. C. Neveu (Range Rover) 53 h o3 mn 24 s.
13. Loué (500 Yam) 53 h 20 mn 04 s.
14. Albaret (500 Yam) 53 h 23 mn 29 s.
15. Joineau (370 Suzuki) 54 h 22 mn 54.
16. Bougoignie (Range) 54 h 55 mn 11 s.
17. Beckers (Range).
18. Deleforterie (Toyota).
19. Gumpert (Iltis).
20. Ivora (500 Yam).
21. Burgat (yamaha 500 XT).
23. Verhaegue G. (Honda 250 XLS).
33. Beaufront P. (Yamaha 500 XT).
35. Tonneline J.P. (Suzuki SP 370).

39. Duisit P. (Yamaha 500 XT).
41. Cheylan M. (Ducati 750).
42. Lebrun G. (Honda 500 XLS).
44. Martin C. (Honda 250 XLS).
46. Auriol J. P. (Yamaha 500 XT)
54. Decombeix P. M. (Honda 250 XLS).
56. Maitrot N. (Honda 250 XLS).
57. Desheulles G. (KTM 240).
58. Razet M. (Suzuki SP 370).

CLASSEMENT GENERAL AUTO

1. Kottulinsky-Löffelmann	VW Iltis	48 h 24 mn 36 s
2. Zaniroli-Colesse	VW Iltis	48 h 36 mn 39 s
3. Marreau B. et C.	Renault 4	49 h 35 mn 18 s
4. Ragnotti-Vaills	VW Iltis	50 h 54 mn 29 s
5. Neveu-Bourgoin	Range Rover	53 h 03 mn 24 s
6. Bourgoignie-Tasiaux-Gierst	Range Rover	54 h 55 mn 11 s
7. Beckers-Stinglhamber-Gerin	Range Rover	55 h 27 mn 25 s
8. Deleforterie J. et P. Prat	Toyota	56 h 43 mn 28 s
9. Gumpert-Eder.	VW Iltis	57 h 25 mn 09 s
10. Guermonprez-Ravez	Range Rover	58 h 49 mn 11 s
11. Sunhill	Buggy	59 h 24 mn 03 s
12. Kurrer-Chanteux	Cournil V6	59 h 24 mn 59 s
13. Cotel-Corbetta	Buggy	59 h 39 mn 34 s
14. Coquant-Atane-Cardinal	Toyota	60 h 25 mn 50 s
15. Leroux-Maserati	Toyota	61 h 04 mn 25 s
16. Moy-Indlet-Nory	Toyota	61 h 39 mn 02 s
17. Renier-Le Guen-Genies	Toyota	62 h 00 mn 33 s
18. Andrieu-Bouillon	Toyota	62 h 10 mn 07 s
19. Trossat-Touron	Lada Niva	62 h 47 mn 07 s
20. Neveu-Aubourg	Range Rover	63 h 19 mn 17 s

21. Bordais-Quié	Range Rover	63 h 31 mn 26 s
22. Lizard-Soriano	Toyota	65 h 29 mn 09 s
23. Harrewyn-Liger	Mercedes 240	65 h 34 mn 26 s
24. Thenoux-Goullioud	Cournil	67 h 22 mn 54 s
25. Tamalet C. et F.	Steyr-Puch	68 h 03 mn 15 s
26. Bonaldi-Pailloux	Lada Niva	68 h 56 mn 04 s
27. Clatot-Kayser-Beinhauer	Steyr-Puch	69 h 29 mn 01 s
28. Dubosq Ch. et J.	Lada Niva	70 h 04 mn 42 s
29. Hugueny-Prost	Toyota	72 h 05 mn 42 s
30. Claudin R. et M.-C.	Range Rover	73 h 35 mn 54 s

Vingt concurrents ont encore achevé le rallye mais hors-temps soit plus de 30 h après le premier classé. En moto, 25 concurrents sont arrivés dans les délais et six autres hors-temps.

PARIS-DAKAR 1981

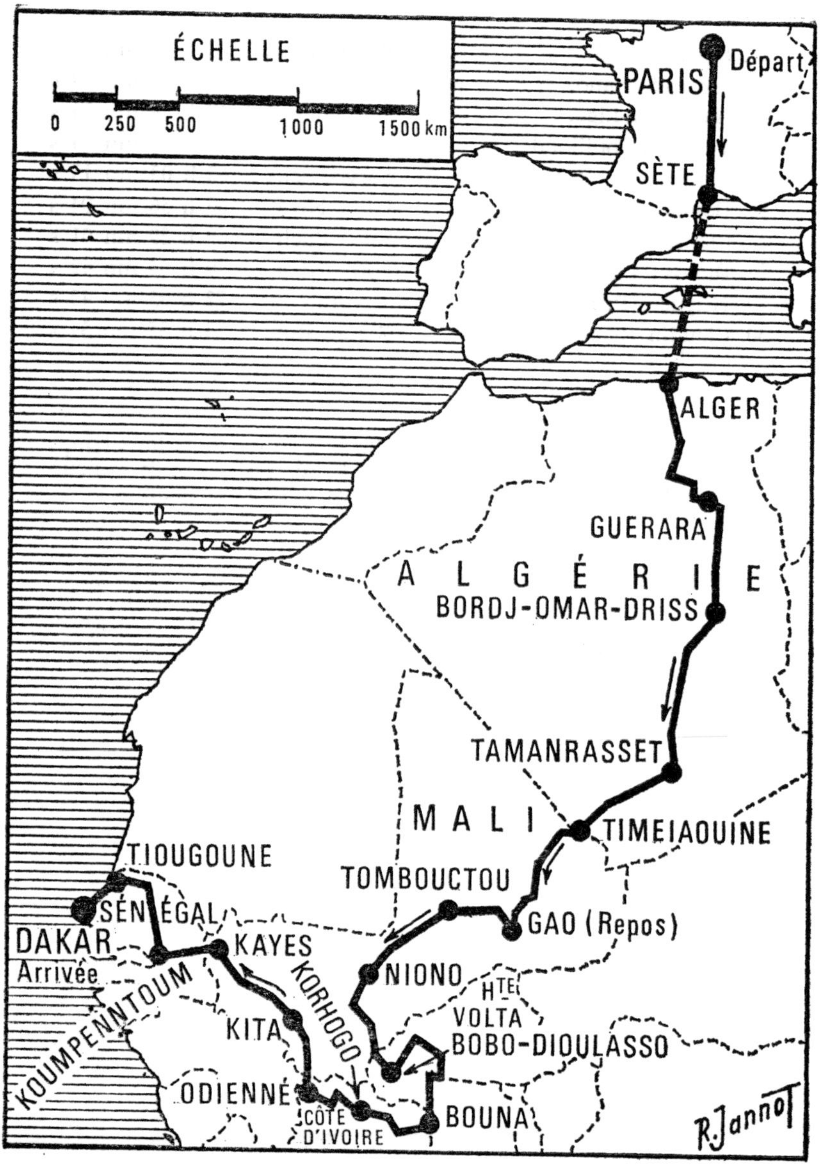

1981

« Tiens, il y a même une Rolls ! » Pour les derniers fêtards à la dérive sur le chemin de leur lit, la vision est saisissante. Une Rolls-Royce travestie en tout terrain se lance à l'assaut du redoutable Paris-Dakar. Pendant toute l'épreuve ce canular roulant engagé par Thierry de Montcorgé attirera sur lui les feux de l'actualité... Pourtant, 287 véhicules sont rassemblés sur l'esplanade du Trocadéro. Parées jusqu'au dernier boulon pour la conquête de l'Afrique.

Une centaine de motos intriguent les badauds : « Vous comptez aller au bout avec ça ? » C'est pourtant vrai que malgré leurs gros réservoirs supplémentaires en bosse de chameau, les porte-bagages qui ont poussé un peu partout, les sacoches qui pendent, elles ont quand même l'air de frêles insectes. Et ceux « qui s'y connaissent » prennent des airs de commisération avec les cinq sidecaristes, car aucun équipage n'a jamais rallié Dakar depuis que la course existe.

Pour les voitures tout terrain bariolées, personne

ne s'inquiète. Elles doivent aller jusqu'au bout. Surprise, aussi, les « gros culs ». Les camions ne sont pas là pour cueillir les roses des sables, mais pour faire une course dont on parlera longtemps dans les cabines. Grand changement cette année, les motos et les voitures sont classées séparément. Ainsi l'ont voulu les fédérations automobile et motocycliste.

1 et 2 janvier : Paris-Sète
L'aventure est au coin de la rue...

Camp militaire d'Olivet, première épreuve spéciale de « mise en jambes » toujours sur le sable détrempé et les bourbiers forestiers. Merel sur Yamaha réalise le meilleur temps des motos, suivi par Cyril Neveu le « régional de l'étape » qui est ici chez lui. Marie-Claude Laredo a bien des malheurs, sa moto a de l'eau dans l'essence. Elle pousse, pousse, dans le sable et prend une pénalité d'un quart d'heure. Et elle a perdu son assistance, refusée au contrôle technique avant le départ !

Dans le clan des voitures, Rougé et sa Renault 4 Sinpar se place en tête devant les deux CX officielles de Luc et Lapie.

Pour beaucoup, la nuit sera longue et fertile en événements. Martine de Cortanze loupe le contrôle de passage de Toulouse. Elle s'en aperçoit à son hôtel de Nîmes, dans son bain ! Courageusement elle saute sur sa petite 250 cm^3 et fait l'aller et le retour (600 km). Les frères Marreau percutent un camion : une nuit de mécanique. Louis Léandri et Martine de Keyser terminent l'aventure à l'hôpital de Toulouse. Léandri fait un écart en voulant éviter une voiture qui déboîte et accroche une autre voiture qui vient en sens inverse. Philippe Vassard le rejoint : « T'as vu ta botte ? » Elle est ouverte et ruisselle de sang. Léandri est amputé de deux orteils. Martine de Keyser a trois côtes cassées, contre un camion. Il y a 700 kilomètres entre Orléans et Nîmes, avant, pour les plus rapides, d'aller se coucher.

Il gèle sur le camp des Garrigues et les larges plaques de verglas sont tapies dans l'ombre. Partout le sol est gras et lourd. Pineau enlève l'épreuve des motos sur Yamaha, suivi de Rigoni (Honda) et des Yamaha de Tcherniavsky et Lloret. Panique chez Honda, Vassard a cassé sa chaîne juste avant le départ de la spéciale, et Neveu 30 mètres après ! Neveu ne doit son salut qu'à Rigoni qui lui passe sa propre chaîne une fois l'épreuve terminée. Les deux Lada officielles réalisent le meilleur temps, devant Chasseuil (Porsche 924), Luc et Ickx (Citroën CX). La Rolls a déjà des problèmes de suspension. Les camions sont presque tous enlisés, bloqués derrière l'antique G.M.C. vétéran du débarquement.

Dans le port de Sète, illuminé par les projecteurs, de nombreux équipages se plongent dans le cambouis. Par contre, ceux qui n'ont rien à reprocher à leur monture s'offrent une dernière bouillabaisse... Ou une dernière langouste : la prochaine est à 10 000 kilomètres.

3 janvier : Sète-Alger
Mille hommes sur un bateau

Le vent imprime un mouvement pendulaire au bateau, et bon nombre des « Africains » se cramponnent à leur sac en papier. Les nantis, les grands pilotes d'usine ont souvent préféré l'avion. Mais ils loupent l'ambiance invraisemblable de ce caravansérail flottant où tout le monde fait connaissance avec tout le monde.

4 janvier : Alger-Djelfa-Moudjbara
L'Algérie boréale...

Il fait terriblement froid dans cette nuit algérienne où le ciel étoilé, limpide, est celui de nos chaudes nuits d'été. Il a fallu patienter longtemps dans le port d'Alger en attendant le débarquement des véhicules et les formalités multiples. Emmitouflé dans son duvet — il gèle à pierre fendre — chacun rêve au désert qui est si près.

Pour favoriser les motos qui arrivent — pour les plus lentes — très tard à l'étape, leur départ est donné en sens inverse du classement. Les 15 premiers classés partent même après les voitures.

5 janvier : Moudjbara-Quatre Chemins
Mille bornes d'un coup

Deux petites spéciales entre Moudjbara Messad et Guerrara-El Alia. Et rien moins que 850 kilomètres de liaison. Rigoni chute durement dans la liaison :

une poignée de gaz détruite. Il termine l'étape en tirant directement sur le câble de gaz et sans phrare. Un privé courageux, Gilbert Lebrun — tondeur de chiens dans le « civil » — tombe et continue avec un doigt cassé. Berty fonce, aveuglé et brûlé par le carburant qui s'échappe de son réservoir qui fuit. Rigoni termine en tête des motos, devant Auriol à Messad. Micou Montange devance Beckers à El Alia.

Du côté des voitures, les Mercedes — il y en a plus de trente dans la course — terminent en tête des deux spéciales : Vergnaud, devant Barruel. Les deux Porsche ont disparu, ainsi que la Renault 30 du vétéran Georges Houel.

6 janvier : Quatre Chemins-Tit
A l'assaut du Sahara

L'Afrique saharienne en cinémascope, avec beaucoup de problèmes pour les figurants. De la montagne, des cailloux, des dunes... Et vers Amguid, un balisage trompeur qui entraîne une cinquantaine de concurrents dans la mauvaise direction.

Un parcours très dur pour les motos : la piste principale est en tôle ondulée. Il faut faire un choix, 3 km/h en souplesse ou foncer sans tomber en-dessous de 90 km/h. Entre les deux, tout vibre tellement que la machine risque de se rompre. C'est ce qui arrive à Baldet : il attendra des heures le camion balai, assis à côté de sa Ducati littéralement brisée en deux morceaux au niveau du T de fourche.

La fuite de réservoir de Berty — qui n'a pu ressouder le réservoir — est colmatée par une serviette éponge. Gorgée d'essence, c'est une mèche qui s'enflamme subitement, le malheureux pilote saute vivement dans le sable et s'y roule pour éteindre le feu sur lui. Mais sa moto est perdue. Rigoni, moto cassée sur une piste parallèle, tourne en vain à sa recherche avec son assistance : il ne la retrouvera jamais. Malin, Cyril Neveu — tel le petit Poucet — a semé des cailloux entre sa moto et la piste principale : même en pleine nuit on la retrouvera.

Hubert Auriol fonce en tête. Il saute en l'air à 120/130 et retombe amortisseur brisé. Il en a un autre, répare, et repart : personne ne l'a doublé ! Il s'est pourtant arrêté vingt minutes. Christine Martin a fait un vol plané, genou droit et cheville endoloris, elle continue bravement. Nicole Maîtrot attend 4 heures son assistance, et pourtant sur une 125 il n'y a pas de temps à perdre. Auriol remporte cette étape, suivi de Tcherniavsky, Merel, Francru.

Les frères Marreau gagnent l'étape en catégorie voiture, suivis de Jacky Ickx et Claude Brasseur à 11 minutes et Briavoine à 21 minutes. La Rolls crève son carter.

7 janvier : Tit-Timeiaouine
Panurge, chef de la caravane !

Au départ d'une étape, tout le monde suit pratiquement tout le monde. Alors parfois, tout le monde se perd ! A partir de Silet — où ravitaillent les motos — une fourche conduit après la palmeraie : au sud-ouest vers Timeiaouine (le bon choix) et plus au sud vers Tin Zouaten (l'erreur). Le road book — le guide pourtant sans failles — ne correspond plus après 20 kilomètres sur la route de Timeiaouine. Et bien des concurrents qui naviguent à la boussole — beaucoup ne savent pas s'en servir correctement — suivent le cap 240 en se demandant s'ils ne foncent pas vers Bordj Mokhtar après avoir loupé l'embranchement de Tim Missao ! Les trois quarts des concurrents se sont trompés.

Hubert Auriol lui aussi fonce dans la mauvaise direction. Il décide de s'arrêter, fait le point et coupe à 90° de manière à couper tôt ou tard la piste principale. Après 35 kilomètres de hors piste il aperçoit une « fumée ». Ce sont les frères Marreau. Il finira l'étape avec eux. Epreuve supplémentaire pour les motards : le camion de ravitaillement n'est pas placé exactement à l'endroit indiqué. Bacou et Mérel le loupent. Ils roulent à l'économie et vidant leurs gourdes dans le sable brûlant, mendient de l'essence aux automobilistes. Ils perdent deux heures sur Auriol. A l'étape, Desheulles termine en première position. Auriol est deuxième. Pineau termine épaule cassée, pilotant d'une main, et doit abandonner. Nicole Maîtrot fait 350 kilomètres sans selle...

Thierry Sabine s'est posé avec son hélicoptère pour mettre la colonne des égarés dans le droit chemin. Briavoine a perdu ainsi 1 h 30, Jacky Ickx 2 heures.

Metge souffre de problèmes de boîte. Sunhill a perdu un arbre de roues, Migault a abîmé son Mercedes sur des rochers, et le Toyota V8 de Pradier s'abîme dans les flammes.

8 janvier : Timeiaouine-Gao
Le désert de la soif...

Du sable, et rien d'autre pendant 750 kilomètres. Retardé par une panne, le deuxième camion de ravitaillement est rattrapé par les motos à 140 kilomètres seulement du point de départ. Alors les pannes sèches vont se multiplier vers la fin de l'étape.

Merel, premier de l'étape à 8 minutes de Tcherniavsky, Fenouil, Auriol, Neveu, Desheulles, Bacou, Cadoret et Andrioletti ont réussi à négocier les derniers litres de la garnison malienne du poste frontière de Tessalit. Andrioletti tombe en panne sèche à 3 kilomètres de Gao. Francru a perdu deux heures en panne d'essence à 2 kilomètres seulement du troisième camion ! En panne sèche également, mais à 140 kilomètres de Gao, Vassard perd tout espoir de victoire : 3 heures de retard. Après une panne sèche — comme tout le monde — Nicole Maîtrot roule 200 kilomètres avec le pneu avant crevé.

A Gao, on enregistre au classement général du rallye en catégorie moto : Auriol, en tête, suivi de Mérel, Tcherniavsky, Andrioletti, Fenouil, tous pilotes d'usine, et en sixième position Alain Padou, un privé qui a commencé la moto à l'âge de 35 ans. Les mécaniciens des motos sont épuisés, certains n'ont pas dormi depuis 4 jours.

Encore une fois, bien des concurrents ont choisi de prendre un raccourci. Avec le sens de l'orientation on gagne 60 kilomètres. Ce fut le choix des vainqueurs de l'étape en automobile : les frères Marreau, Simon et Metge. Dure étape pour les Mercedes qui subissent de gros problèmes de suspension. Ce sera leur talon d'Achille, et leur coûtera la victoire. Les frères Marreau et leur Renault toute cabossée sont toujours en tête. Deux heures d'avance sur la Range Rover de René Metge et trois heures sur la Citroën CX de Jacky Ickx et Claude Brasseur. Derrière ce peloton de tête on trouve le dernier Buggy encore en course, celui de Cotel et Corbetta. Du côté des camions, l'ACMAT de la Sécurité Civile précède avec six heures d'avance le Ford de Bry-Salou-Peu.

9 janvier : Gao
Le repos des guerriers

Gao, morne plaine sur les bords du Niger ressemble au soir de Waterloo après la bataille. Les survivants pansent leurs plaies. Encore une fois l'hôtel de l'Atlantide réalise en une journée le chiffre d'affaires de son année. « Cadeau patron ? » d'un ton péremptoire les petits Africains tendent la main vers ceux qui ont tout. La poussière vole dans cette étonnante ville surgie dans le désert. Et de bouche à oreille on se refile le nom du « bon » soudeur...

Il ne reste pas beaucoup de soldats dans la troupe :

145 équipages au total sur les 287 fiers à bras qui ont quitté Paris : 64 motos, 73 autos et 8 camions. Les autres sont perdus au fil des kilomètres. Bienheureux les motards qui ont pu sauter — avec leur moto — dans le camion balais.

10 janvier : Gao-Tombouctou
Un calvaire vers la ville sainte

Le dernier side-car encore en course est planté — immobile — à l'entrée d'un village. Son équipage épuisé, récupère. C'est encore une longue étape de sable, avec vers la fin une piste sinueuse dans la brousse. L'équipe d'assistance Citroën — et de nombreux concurrents — ont doublé Jacky Ickx et Claude Brasseur en pleine partie de pétanque au milieu des sables. Ils n'ont pas de boules, bien sûr, mais des sortes de melons qui poussent là. Leur CX est en panne. Sympas et modestes alors que trop de monde « roule des mécaniques » Ickx et Brasseur sont très appréciés. Suspension brisée, Jean-Pierre Chapel et Jean-François Duna abandonnent leur Mercedes dans le petit village de Niafounké. Et terminent en pirogue sur le Niger... Et puis, les frères Marreau « encaissent » 10 heures de pénalisation : leur moteur a cassé, il faut réparer. La Lada de Jean-Claude Briavoine se présente en tête, suivie, ex-æquo, de Luc-Alessandrini, et Metge-Giroux. Ensuite viennent Cotel-Corbetta sur leur Buggy, Legrand-Saint sur Mercedes.

A moto, Hubert Auriol creuse son avance. Il est pratiquement devenu intouchable. Francru et Bacou sont pourtant partis devant lui, mais ils se sont perdus. Vassard rentre dans un baobab, et après une bonne demi-heure pour reprendre ses esprits, termine tranquillement l'étape. Desheulles culbute par-dessus son guidon et se brise le poignet. Merel termine courageusement en ficelant son bras oscillant cassé en trois morceaux avec tout ce qui lui tombe sous la main. La roue arrière est presque à 45° ! Dans la vieille ville sainte, les éclopés pansent leurs plaies et soignent les mécaniques. Il reste encore un bon bout de chemin à parcourir.

11 janvier : Tombouctou-Niono
Le chef du village aime la moto

« Vous voulez de l'essence, ça tombe bien ! » Le chef du village en a 3 000 litres dans un coin ; Merel n'en revient pas. Surtout quand le chef lui propose le marché : de l'essence contre un petit tour à moto. Merel s'exécute, pour la plus grande stupeur de Fenouil qui le croise dans cet équipage. Andrioletti a cassé deux moteurs en 10 kilomètres. Le soir, écœuré, il déchire son carton de contrôle et décide de rentrer en Italie. Le dernier side-car en course, celui des Allemands Roth et Haug s'est brisé en deux au fond d'une crevasse. Il n'y en aura pas encore cette année à Dakar.

Sonné, Hervé Lecomte gît au milieu de la piste, allongé nez contre le sable. Une équipe de médecins le relève et à leur grande surprise le motard soutient mordicus que la moto qui gît à ses côtés n'est pas à lui. Il ne sait pas ce qu'il fait ici, ne se souvient de rien, veut rentrer chez lui. Les conséquences de la chute, de la fatigue, de la chaleur.

En voiture, Jean-Claude Briavoine renouvelle sa victoire de la veille, mais René Metge est toujours en tête du classement général. Jacky Ickx et Claude Brasseur qui ont pu reprendre le départ de cette étape ont une panne d'embrayage : 10 heures de pénalités de plus.

12 janvier : Niono-Bobodioulasso
Motos, bobo !

Dominique Holland tombe et se brise les deux jambes. Micou Montange, en panne sur une mauvaise piste, attend des heures son assistance et repart sur la jante ; il casse le carter moteur et abandonne. Neveu casse encore une fois l'arrière de son cadre. Les motards sont épuisés, les machines sont fatiguées : ils ne sont plus que 40. Vassard remporte l'épreuve devant Bacou, Francru, Becker et Mérel.

Le couvre-feu règne sur Bobodioulasso car la Haute-Volta est en plein coup d'Etat. Tout le monde doit être au lit à 11 heures. En principe, car il faut encore réparer... Et pour les plus chanceux, se taper des brochettes de capitaine grillé au Ran Hotel, arrosées de bière voltaïque à l'infâme arrière-goût de levure.

13 janvier : Bobodioulasso-Bouna
La révolte gronde

La veille, la poussière était insoutenable. Les pilotes motos revendiquent : « Plus question — pour les cracks — de partir en sens inverse du classement. » Thierry Sabine cède. Un gros avantage pour les motards car aujourd'hui c'est la grande étape de nuit. Mais, coup de chance le couvre-feu oblige d'avancer de deux heures le départ prévu à 4 heures du matin. Crevé par une nuit de mécanique, Baillard abandonne : en retard au contrôle de départ il ne veut pas partir après les voitures, et rouler toute la journée dans la poussière.

Auriol et Fenouil partent ensemble ; à deux de front les motos éclairent mieux. Mais Fenouil tombe dans un trou et se blesse au poignet. Il s'arrête chez un forgeron de village qui lui propose de tout ressouder, de redresser les jantes, et lui paye un coup à boire : l'hospitalité africaine. Francru et Becker, qui roulaient eux aussi de concert, s'accrochent. Francru est tombé sur la tête. Commotionné, casque fendu, il est en plein cirage. Il repart, et s'arrête, trois fois de suite, pour demander à Becker ce qui s'est passé ! « Où sont Cadoret et Andrioletti ? » demande-t-il alors qu'ils ont abandonné depuis deux jours... Auriol qui l'a ramassé roule un moment avec lui.

Victime d'un coup de pompe, Becker tombe en pleine ligne droite et s'ouvre le bras. Il continue. Le soir à Bouna, les toubibs le charcutent une heure durant pour retirer de la plaie les gravillons, le sable, les bouts de bois. Ils le recousent et lui conseillent d'abandonner. Pas question, le courageux Belge fonce chez le chirurgien de l'assistance qui rouvre la blessure — il craint une infection — et recharcute. Après

6 heures de sommeil sur le sol en béton, Christian repart vers de nouveaux ennuis. Il pilote d'une main. Verley ne voit pas une voie ferrée qui traverse la piste : il abandonne. Neveu et Vassard rallongent de 300 kilomètres l'étape qui en compte déjà 800 : ils se sont trompés. Ils terminent avec les dernières autos après 16 heures de route.

Dans un village, Christine Martin, suivie par Mérel et Lloret prend un rond point à l'envers : au poste pour non respect du sens giratoire. Plus loin Mérel percute une chèvre. Lloret freine et Christine lui rentre dedans : tout le monde par terre ! Malade, elle a mangé quelque chose de mal lavé ou pas frais, Martine de Cortanze a échangé son casque intégral contre un casque ouvert : pour vomir en route. Auriol et Bacou sont arrivés les premiers à Bouna, suivis de Mérel et Christine Martin. Le soir on diagnostique une fracture du métacarpe chez Fenouil qui décide de continuer. Lloret qui n'a plus la foi abandonne.

Ça ne va pas mieux pour les voitures. Cotel et Corbetta, Jean-Claude Briavoine se sont perdus. Les frères Marreau ont abandonné : le moteur est mort. René Metge a perdu 20 minutes en arrêts divers.

14 janvier : Bouna-Korhogo
Sur les traces du Bandama

C'est une des épreuves spéciales du rallye du Bandama. Les pistes n'ont rien à voir avec un Paris-Dakar, elles sont trop roulantes. Mais c'est dur pour les motards blessés comme Becker. Il pilote d'une main, son bras blessé le fait souffrir à chaque cahot. Il crève : une heure et demie pour réparer. La machine ne veut pas repartir. Des milliers de coups de kick par 40° à l'ombre, puis il pousse et s'écroule. Des touristes le relèvent, lui donnent à boire et démarrent sa moto... Il repart. Olivier Vilsange tombe le nez dans la poussière. Des toubibs de l'assistance le relève et s'entendent dire : « Non, vous ne me piquerez pas ma place ! » Il se croyait à la queue aux pompes à essence... Au classement moto de l'étape, Bacou est en tête, suivi de Neveu et Vassard, l'héroïque Fenouil et Francru, bien remis de sa chute de la veille. Auriol retardé par un petit pépin mécanique est sixième ; il a terminé les 120 derniers kilomètres sur un cylindre.

Au classement des autos, Metge conserve la tête du classement général. Mais l'étape a été enlevée par le tandem Ickx-Brasseur. Metge a cassé une barre de direction. Une minute seulement le sépare de son rival Briavoine. A l'étape, tout le monde apprécie la piscine de Korhogo, sauf les motards bien sûr dont la plupart sont affalés — tout habillés, tout équipés, ficelés dans leur dossard — tellement ils sont épuisés.

15 janvier : Korhogo-Kolokani
Autos : les leaders changent

Metge a perdu la tête du classement général au cours de la spéciale Korhogo-Tingrela. Le leader est maintenant Jean-Claude Briavoine avec la modeste avance de 8 minutes. L'étape est remportée par Ickx, suivi de Luc et Cotel. Metge a pris son retard en changeant un amortisseur. Les trois premiers du classement général, Briavoine, Metge et Cotel se tiennent en 11 minutes !

Neveu doit pousser sa moto pendant trois kilomètres pour finir la spéciale. Raymond Loiseaux, un amateur qui s'est construit lui-même sa moto, une BMW reconstituée à partir d'une épave de R 90/6, ressoude son cadre ouvert. Au classement de la spéciale, Mérel est en tête, devant Bacou, Vassard, Fenouil, Auriol et Neimer. Au classement général Auriol caracole en tête, devant Bacou, Mérel, Francru, Fenouil, l'amateur Padou, et Christine Martin.

Les survivants du Paris-Dakar se sont abattus comme des termites sur l'hôtel de l'Amitié qui — modernisme incongru — surplombe Bamako, la capitale du Mali. Comme à chaque passage, l'établissement est pratiquement mis à sac par les civilisés.

16 janvier : Kolokani
Mécanique et tam-tam

Le patron du « Yankadi », ce que signifie « Ici c'est bon » monte ses prix toutes les 5 minutes. Le rallye est une bonne occasion pour le seul marchand de bière glacé et de riz au poulet. A l'ombre des arbres, près du « campement », des cases réservées aux visiteurs de passage, on répare. Il y a une journée de repos. Les femmes du village proposent de laver le linge. Et les innombrables enfants regardent, tripotent, commentent, chapardent...

Les villageois ont préparé un concert de tam-tam, des danses, que personne n'écoute, ne regarde. Le rallye n'a rien à voir avec le tourisme.

Les rangs se resserrent. Il ne reste que 47 voitures sur 170, 33 motos sur 115 et 3 camions sur 15 ! Et pas dans le meilleur état. Depuis une semaine, Bamako recueille les éclopés qui ont coupé directement pour rejoindre Dakar par le train. Ce tortillard aux horaires fantaisistes est pris d'assaut à chaque rallye.

17 janvier : Kolokani-Nioro
Le début du dernier acte

Les pistes africaines sont changeantes. C'est la troisième fois que le rallye passe sur ce tronçon qui traverse le Sahel, et jamais il n'a rencontré un terrain identique. La première année, c'était l'horreur du fech-fech. Un sable fluide comme du talc. La deuxième année la piste était bonne, malgré quelques trous. Cette année c'est plus dur, mais rien à voir avec l'enfer de 1979.

Bataille au sommet, duel des chefs, Metge et Briavoine ne se font pas de cadeau. Ils foncent côte à côte sur deux pistes parallèles quand soudain celles-ci se rejoignent. Personne ne coupe, les ailes frottent. Et Cotel est très près. Mais pour l'équipe Lada, c'est bientôt la fin d'un beau rêve : la voiture de Briavoine se pose en haut d'une ornière, une erreur de parcours fait perdre du temps, deux crevaisons ajoutent des minutes, et une panne d'essence à 50 kilomètres de l'arrivée. Cotel est immobilisé par la Range Rover de Simon-Boulanger renversée sur une portière, et à son tour il se pose lui-même sur une ornière. A l'arrivée, les jumeaux Deleforterie couchent leur voiture devant une foule en délire. Metge a désormais 32 minutes d'avance sur Briavoine.

Vassard remporte l'étape à moto, devant Francru. Neveu est troisième malgré une forte chute où il a fendu son casque et un arrêt pour dépanner Christine Martin. Auriol est troisième malgré un amortisseur qui a presque traversé la selle. On plâtre Fenouil à l'arrivée ; il le cassera le lendemain avant de partir ! Becker souffre le martyr : chaque soir on ouvre sa plaie pour la désinfecter ; il pilote en pleurant. Dans une chute Padou perd son repose-pied et sa pédale de frein. Puis, plus loin, il arrache le câble du frein avant. Il tournera deux fois autour du camion de ravitaillement avant de s'arrêter devant ses copains médusés. Muenger, en pleurant regarde sa moto brûler. Si près de Dakar, même pas 1 000 kilomètres.

Sur le macadam chaud de l'aérodrome de Nioro tout le monde rêve déjà de la plage de Tiougoune qui se rapproche à chaque tour de roue.

18 janvier : Nioro-Bakel
Les vainqueurs assurent

En voiture, comme à moto, il s'agit d'être prudent. Ne pas gâcher ses chances si près du but. La preuve,

Auriol termine l'étape à la 12e place du classement de la deuxième spéciale. Fenouil, qui sans son plâtre a du mal à tenir le guidon, crève deux fois. Un motard sympathique le dépanne à chaque fois ; il ne sait même pas qui c'est. Martine de Cortanze n'a pratiquement plus de suspension.

Cotel, sur son Buggy, remporte les deux spéciales du jour. Ce qui ne peut pas inquiéter Metge de toute façon. Briavoine joue encore de malchance : il crève deux fois dans la première spéciale et se perd dans la deuxième en tentant de rejoindre le gué de Falémé. Et pour Jacky Ickx et Claude Brasseur, la course se termine par un splendide tonneau. A cinquante kilomètres de Kayes. Ils attendront en vain leur camion d'assistance engagé sur une piste parallèle.

19 janvier : Bakel-Tiougoune
Sénégal nous voilà !

Deux courtes spéciales animent la traversée du Sénégal. Dans celle du matin, les motos soulèvent une poussière épouvantable et de peur de perdre du temps, Auriol attaque, et gagne la spéciale. Derrière, les trois Honda de Vassard, Padou et Neveu. Francru, en panne perd sa quatrième place au classement général au profit de Fenouil. Déchaîné, sentant peut-être l'écurie, Bacou remporte la deuxième spéciale devant Neveu, Vassard, Auriol et Fenouil. Christine Martin est pratiquement assurée d'une deuxième coupe des dames. Marie Ertaud et Nicole Maîtrot — cette dernière sur une 125 cm^3 — ont réussi une fantastique course.

En « quatre roues », Jean-Claude Briavoine, victime de trois crevaisons, d'une erreur de navigation, sait que l'épreuve est perdue. Cotel étonne tout le monde avec son Buggy qui vole de bosses en bosses, de dunes en dunes depuis Alger. A Tiougoune il a repris encore 7 minutes à Metge. Mais, souriant sous son Stetson, Metge sait déjà qu'il a gagné.

C'est la fête. Le rallye se termine ici. Demain ce n'est qu'une petite promenade de santé. Et, en touriste, des femmes de concurrents — certaines trébuchent dans le sable sur leurs talons aiguille — sont venues de Paris retrouver des hommes hirsutes qu'elles ne reconnaissent pas vraiment. Les fusées pètent en feu d'artifice. A deux pas de la ripaille, des Africains fouillent dans nos poubelles, et ça ne nous gêne même pas.

20 janvier : Tiougoune-Dakar
Au bout de la plage : Dakar !

Baroud d'honneur : Briavoine tente une échappée, mais son joint de culasse rend l'âme. Chevaleresques, Metge et Cotel escortent leur camarade de combat jusqu'à l'arrivée.

Les voitures sont lavées à l'eau de mer. Comme les motos. Comme les pilotes. C'est la fête, le rallye se transforme en camp de vacances. Hubert Auriol, Serge Bacou, Michel Mérel, Fenouil, Gilles Francru et Alain Padou roulent en se tenant par la main. Ils sont 91 à l'arrivée... 42 voitures et camions, classés ; 18 non-classés. 25 motos classées ; 6 non-classées.

CLASSEMENT GENERAL 1981

AUTO/CAMIONS

1. Metge-Giroux	Range Rover Proto	21 h 36 mn 00 s
2. Cotel-Corbetta (1er 2 roues motrices)	Buggy Citizen	21 h 54 mn 12 s
3. Briavoine-Deliaire	Lada Niva Proto	23 h 03 mn 31 s
4. Simon-Boulanger	Range Rover	25 h 37 mn 31 s
5. Groine-Nogrette (1er Diesel)	Mercedes 300 GD	26 h 35 mn 41 s
6. Zaniroli-Lemoine	Range Rover Proto	27 h 51 mn 34 s
7. Deleforterie-Delorforterie	Toyota BJ 43	28 h 10 mn 04 s
8. Lahaye-Coquant-Gaereminck	Toyota BJ 43	30 h 21 mn 44 s
9. Barruel-Cerou	Mercedes 240 GD	31 h 00 mn 22 s
10. Simonin-Korotkektch-Longeau	Mercedes 300 GD	32 h 51 mn 30 s
11. Trossat-Richard	Lada Niva Proto	32 h 55 mn 00 s
12. Biasini-Biasini	Range Rover	33 h 34 mn 00 s
13. Raymondis-Bos	Range Rover	35 h 01 mn 00 s
14. Tchemiavsky-Lassee	Toyota BJ 40	35 h 50 mn 00 s
15. Guermonprez-Malard	Range Rover	36 h 07 mn 00 s
16. Luc-Alessandrini	CX 2400 GTI	36 h 28 mn 00 s
17. Paganelli-Vergnaud	Mercedes 230 G	36 h 48 mn 00 s
18. Villesti-Gabrelle-Vollereau (1er camion)	ALM ACMAT	37 h 42 mn 00 s
19. Leroux-Maserati	Toyota HJ 45	38 h 27 mn 00 s
20. Puren-Chapel	Range Rover	39 h 02 mn 00 s
21. Rothlisberger-Uhlman	Toyota Hi Lux	40 h 49 mn 00 s
22. Hacquin-Vanbersy	Toyota Hi Lux	42 h 10 mn 00 s
23. Aubry-Aubry	Mercedes 300 GD	44 h 55 mn 00 s
24. Beinhauer-Pohl	Puch 280 GE	46 h 22 mn 00 s

25.	Delannoy-Sacy (1re Dames)	Mercedes 240 GD	46 h 40 mn 00 s
26.	Hugueny-Cardinal-Alberto	Toyota FJ 45	46 h 49 mn 00 s
27.	Howard-Miles	Range Rover	46 h 59 mn 00 s
28.	Levausre-Joseph	Toyota Hi Lux	48 h 56 mn 00 s
29.	Badion-Gras	Mercedes 300 GD	50 h 04 mn 00 s
30.	Roques-Bousquet	Toyota HJ 45	50 h 55 mn 00 s
31.	Poncioni-Luy	Toyota Hi Lux	51 h 44 mn 00 s
32.	Versino-Volabel	Mercedes 300 GD	52 h 27 mn 00 s
33.	Wambergue-Bacholle-Bacholle	Pinzgauer	53 h 38 mn 00 s
34.	Briy-Salou-Pen	Ford 50 35	52 h 24 mn 00 s
35.	Marci-Berin	Range Rover	54 h 30 mn 00 s
36.	De Paoli-Bresciani	Range Rover	56 h 17 mn 00 s
37.	Dupard-Mattei	Range Rover	56 h 34 mn 00 s
38.	Levallois	Range Rover	57 h 28 mn 00 s
39.	Champart-Martinot	Mercedes 240 GD	57 h 43 mn 00 s
40.	Malet-Trainini	Toyota HJ 45	60 h 27 mn 00 s
41.	Cazenave-Laurillard-Schorp	Range Rover	61 h 06 mn 00 s
42.	Groine-De Saulieu	Mercedes AK 19 32	61 h 27 mn 00 s

CONCURRENTS HORS TEMPS

Goudot-Subtil	Lada Niva
Chambolle-Dumond	Toyota Hi Lux
Lacaze	Citroën
Quillon-Lebœuf	Land Rover
Maïssa-Boulade	Land Rover
Margueron-Marty-Fasel	Toyota HJ 45
Reverbi-Forclaz	Daihatsu Taft
De Cazenove-Loue	Mercedes 300 GD
Bertrand-Tumoine	Range Rover
Terrier-Malatesta-Nussbaum	Toyota HJ 45
Kubota-Ogaki	Toyota Starlet
Pecriaux-Marlier	Toyota BJ 40
Nemoto-Ito-Yokuta	Toyota FJ 60

CLASSEMENT GENERAL MOTOS

1. Hubert Auriol	BMW	51 h 39 mn 12 s
2. Serge Bacou	Yamaha	54 h 41 mn 32 s
3. Michel Merel	Yamaha	56 h 39 mn 59 s
4. Fenouil	BMW	60 h 55 mn 30 s
5. Gilles Francru	KTM	61 h 26 mn 36 s
6. Alain Padou	Honda	62 h 27 mn 55 s
7. Bernard Neimer	BMW	63 h 33 mn 29 s
8. Philippe Vassart	Honda	64 h 26 mn 40 s
9. Christian Beckers	Yamaha	65 h 31 mn 27 s
10. Christine Martin (1re Dame)	Honda	67 h 29 mn 07 s

PARIS-DAKAR 1982

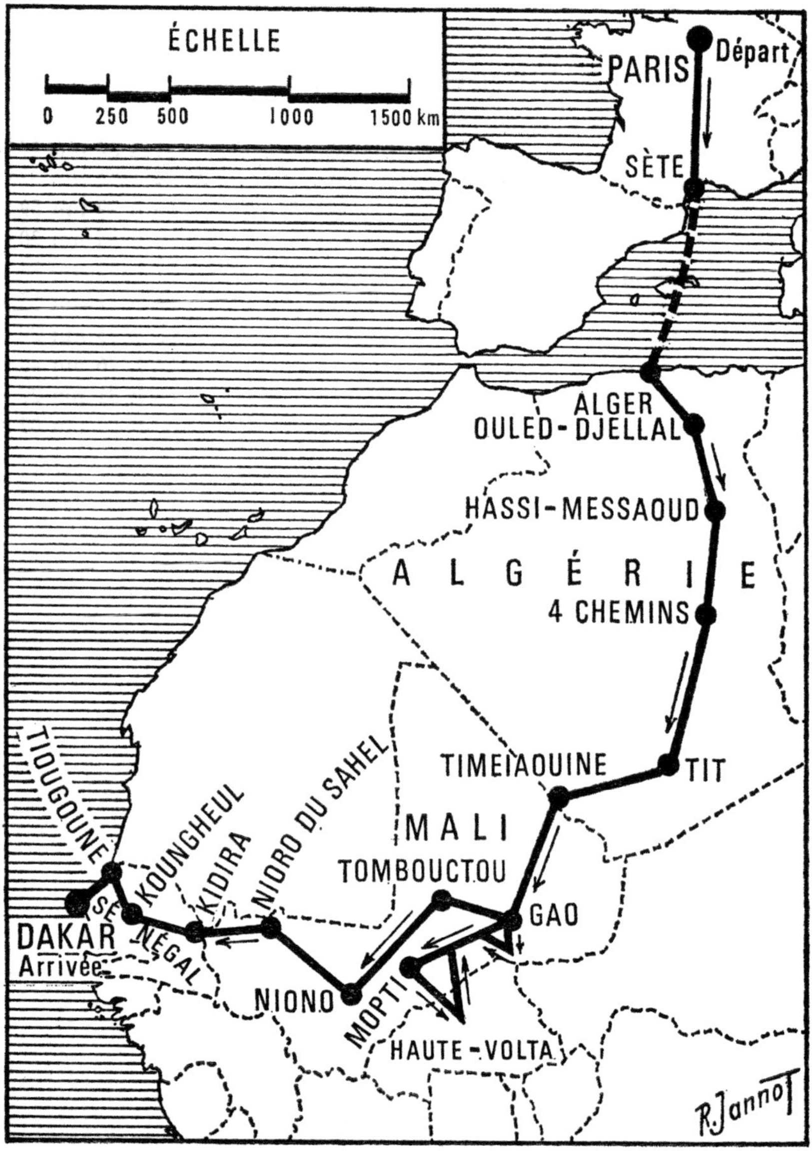

PARIS-DAKAR 1982

« Où est notre voiture ? » Ballottés par cette marée humaine qui a envahi très tôt la place de la Concorde, il est impossible de voir quoi que ce soit. Nous avons abandonné notre voiture « ordinaire » quelque part sur le rond-point des Champs-Elysées et portant quelques bricoles à l'africaine — dans un sac perché sur notre crâne — nous nous frayons un chemin vers la 505 du rallye en jouant des coudes.

Le speaker, Loulou Bernardelli, connaît tous les concurrents. Il joue au bonimenteur et chauffe la foule. Autour des voitures et des motos ce sont les ultimes recommandations rituelles pour n'importe quel voyageur, que ce soit pour un départ à Palavas-les-Flots ou le tour du Monde. On pose en famille pour des nuées de photographes amateurs qui se donnent des allures de « pros » en une surenchère de téléobjectifs. Cette fois-ci c'est bien parti. Les motos commencent une par une à s'avancer vers la ligne de départ.

A côté de nous, les frères Marreau, les « renards du désert » signent des autographes. Nous, obscurs et sans grades, nous faisons une dernière fois le tour de notre 505 flambant neuve : « Tiendra-t-elle jusqu'à Dakar ? » Mis à part les buggies nous ne sommes pas beaucoup en deux roues motrices. Pourtant nous allons devoir compter avec des concurrents sérieux : des Japonais.

Chevelus, un foulard de cow-boy en coton imprimé noué en bandeau autour du crâne, barbichus, Kubota et Uchida, sortes de hippies nippons, n'ont rien des technocrates ou des kamikazes. On apprécie tout de suite leur style bordélique très « décadence occidentale ». Voire... Ce ne sont ni des débutants, ni des amateurs. L'an dernier ils ont terminé le rallye hors course, hors temps. Ils s'arrêtaient tout le temps pour prendre des films, faire des photos. Tout était un sujet pour eux : une pierre, une dune, l'air, le ciel, le sable. Tout le monde se moquait gentiment de ces touristes égarés chez les machos du désert. Pendant l'hiver, au Japon, ils ont passé et repassé leurs films, leurs diapositives, jusqu'à apprendre le désert par cœur. Et ils ont construit une voiture en conséquence : une Toyota Carina indestructible qui ressemble de très près au modèle de série deux roues motrices. Ceux-là, il va falloir les surveiller...

Ils prennent le départ les premiers, juste derrière les motos. Nous sommes les deuxièmes. Top chronomètre, c'est parti. Encadrée par deux longues files de spectateurs notre 505 remonte les Champs-Elysées.

Nous avons le temps de passer chez moi à Levallois prendre nos bagages. Place de l'Etoile, l'avenue de Wagram et surprise : deux concurrents belges suivent de confiance notre voiture. Pour un peu si nous ne nous en étions pas aperçus ils venaient chez moi.

Route nationale 20 vers Orléans. Morne matinée du premier janvier. Sur le pas de leur porte, des gens nous font signe de la main. Dans les villes traversées des groupes de jeunes nous attendent. Et déjà près d'Arpajon une voiture est définitivement en panne. Pascale Guerie ne verra pas l'Afrique cette année.

Nous sommes 390 à quitter la place de la Concorde, combien serons-nous en arrivant au port ? Thierry Sabine a reçu près de 600 demandes d'engagement. Finalement il n'a retenu que 132 motos, 235 voitures et 23 camions. On remarque en premier les camions : ils sont si gros. Et puis des camions de course cela ne se voit pas tous les jours. Eux au moins n'ont pas trop de problèmes pour arborer le nom de leur sponsor : ils ont de la place.

1 et 2 janvier : Paris-Sète
Le grand chambardement

Somnolent à moitié dans la voiture bien chauffée — il faut profiter du confort — j'ai du mal à remuer. On a chargé au petit bonheur et à la chance tout un invraisemblable barda dans l'espace laissé libre derrière nous par le démontage des banquettes. Sous les genoux un gros extincteur mal fixé remue à chaque coup de freins. La boîte à gants ne ferme déjà plus et les indispensables stylos bille se répandent partout. Marc a accroché sa paire de lunettes de soleil de secours à la grille d'aération ; une manie chez lui. Hier soir, le réveillon a été bref. Bonne année à 10 heures du soir et ensuite les bagages. Et un crochet chez mon ami Théo qui tient un restaurant italien à côté de la maison. Il nous a promis une caisse de « Lambrusco amabile », un vin pétillant italien qui nous tiendra lieu de champagne à Dakar. Nicole Cazola, attachée de presse de B.M.W. réveillonne par hasard chez lui : « Jacques et Marc, rendez-vous à Dakar pour fêter nos victoires ! » Nous l'assurons de notre présence. Le sort en décidera autrement...

Roulons, roulons, c'est toujours ça de fait pour rôder notre 505 neuve ! A chaque coup de frein, le ventilateur supplémentaire que nous a glissé Jean-Paul Guénin de chez Peugeot au dernier moment, dégringole sur mes genoux. Nos harnais mal réglés nous rentrent dans les épaules. Ça s'arrangera en route. Et voilà Orléans.

On se bouscule au départ de la spéciale pour toucher du doigt les véhicules et les pilotes. Et voir par hasard comment est Claude Brasseur en « vrai ». Et Jacky Ickx, et Hubert Auriol et toutes les vedettes. On se gave des images fortes, de couleurs. Les oreilles s'emplissent du bruit des échappements, les narines hument l'huile chaude. Comme on aimerait bien partir aussi à l'aventure au lieu de traîner d'une bagnole à l'autre une gueule de réveillonneur en béton... « L'an prochain, c'est juré, je ferai le Dakar... » Phrase magique qui fait rêver et console un peu ceux qui restent ; même et surtout s'ils n'en croient pas un mot.

Jacky Ickx et Claude Brasseur, mal réveillés, se prêtent avec gentillesse à une séance d'autographes. Plus loin on admire la Renault 20 4×4 des frères Marreau et son étonnant échappement qui remonte sur le toit. On touche du doigt la Range Rover de René Metge et Bernard Giroux, les vainqueurs de l'année dernière. Vic Elford fait plus « british » que nature : élégance et professionalisme froid. Plus britannique que Mark Thatcher, le fils bien-aimé de la Dame de Fer. On reconnaît Jean-Pierre Jaussaud, vainqueur aux 24 heures du Mans avec Didier Pironi. Aux antipodes de ces célébrités, notre bataillon réduit de deux roues motrices connaît pourtant un certain succès d'estime auprès du public : nous avons la voiture de « Monsieur Tout le Monde ». La Mercedes 280 E de Barde pourraît être un taxi, la Visa de Jean-Pierre Chapel et Jean-François Dunac est identique à celles qui disputent les Trophées Citroën. Il y a même une étonnante « traction » décapotable...

Les héroïques motards étonnent déjà par leur courage. Une lueur de respect se lit dans les yeux des badauds : « Ils vont aller aussi loin avec ça ? » Avec leurs grandes roues garnies de pneus à crampons, leurs réservoirs boursouflés d'excroissances destinées à en augmenter la capacité elles ressemblent à des chameaux mécaniques. Les motos ouvrent le bal de la spéciale du camp militaire d'Olivet. D'humeur joyeuse, les

132 motards vont littéralement se jeter à l'eau. Certains pieds tendres pas encore trop sûrs d'eux vont émerger sur la ligne d'arrivée couverts de boue et trempés. On est loin ici des sables brûlants. En plein hiver, le terrain de manœuvre, bien labouré par les chenilles des blindés, est un bourbier, un marécage. Cyril Neveu, qui est ici le « régional de l'étape » — il est chez lui — tient à briller devant son public : il signe le meilleur temps. Quelques malheureux, qui n'ont pas pu remettre leur moto en marche poussent à en défaillir, les lourdes bottes alourdies par la glaise pataugent dans l'eau...

Devant nous la Toyota Carina des « Japs » s'enfonce dans la forêt. Déjà, Roger Kalmanovitz, le « starter », décompte, ses doigts s'agitent devant notre pare-brise. 5, 4, 3, 2... Marc vole le départ sans s'en rendre compte : c'est l'émotion. Et surtout la première fois que nous allons pouvoir et devoir tirer sur cette sacrée bagnole. Drôle de désert !

Dans le chemin creux notre capot plonge dans l'eau comme l'étrave d'un navire : sous les roues avant deux geysers d'eau sale jaillissent de chaque côté de la voiture. Les spectateurs bottés jusqu'aux oreilles se tiennent à des distances prudentes. Ça patine un peu, ça saute beaucoup et ça passe partout sans problèmes. Il ne faut pas mollir, de notre ardeur dans ce prologue dépend l'ordre du départ des premières étapes en Algérie. Sur 235 voitures au départ, toute place grattée est un avantage. Et voilà le sable : gorgé d'eau, relativement dur par endroits, fondrières par-ci, bourbier par-là et quelques bosses. Marc assure un pilotage tout en finesse. Derrière les cordes les spectateurs semblent bien proches : et si un imbécile traversait là devant nous. Avec la grâce et l'agilité d'un char d'assaut la 505 bourrée jusqu'à la gueule de tout notre barda fonce vers la ligne d'arrivée. Le chronomètre, le nôtre, bafouille lamentablement. Il ne marche pas. Il ne marchera jamais... Personne ne nous a doublés, c'est déjà rassurant. J'ai fait ce petit parcours accroché comme un singe à l'arceau de sécurité : main droite au-dessus de la tête près de la portière, main gauche près du rétro. Position instinctive, idéale que je conserverai jusqu'au bout.

Les uns après les autres les concurrents s'arrêtent après la spéciale, à la sortie du camp. Lada a installé un buffet champêtre où l'on potine en maniant le sandwich. « Tiens t'es là toi ? Je t'avais pas encore vu. Ça marche ? » Ça marche encore, pour l'instant. Si les premiers d'entre nous ont eu affaire à une foule relativement disciplinée, ce n'est pas le cas des derniers. Le chemin débouche dans la carrière. On y arrive pratiquement aveuglé : le temps de réponse des essuie-glace n'est pas suffisant pour chasser instantanément la boue. C'est ainsi que Jean-Claude Briavoine fonce avec sa Lada en plein dans la foule.

Plus loin, dans les enfilades rapides qui mènent vers l'arrivée, plusieurs concurrents gênés par les voitures qui les précèdent, ralenties par les spectateurs devant le poteau d'arrivée, ne peuvent que s'arrêter en catastrophe. Il y a un peu de tôle froissée, et l'équipage algérien fait un magnifique « toit » avec son

Toyota. Ils conservent le moral : « Tu sais, nos copains nous attendent à Alger ! »

Notre belle 505 est couverte de boue. Sans grande conviction je la nettoie sur le bord de la route. Et je découvre notre première crevaison... « C'est un beau clou », dit Marc en brandissant l'objet coupable. Nous ne sommes pas les seuls à jouer du cric. Dans les fourrés il doit certainement y avoir quelques petits malins qui se paient notre fiole...

Qu'est-ce qu'on peut bien faire un premier janvier quand on habite sur le parcours du Paris-Dakar ? On vient voir passer le rallye. L'occasion pour les « bleus » du rallye de jouer aux coureurs en fonçant à toute allure dans de spectaculaires crissements de pneus. L'occasion également pour les « allumés » du réveillon, voiture bourrée à ras bord de tous les membres de la famille de faire la courette après les concurrents : « Vas-y papa tu vas plus vite que lui. » Les vieux routards du rallye savent que la nuit sera longue alors ils avalent des kilomètres tant qu'il fait jour. D'autres se ménagent le temps d'un petit repas gastronomique dans des établissements où ils ont leurs habitudes. Des moto-clubs, des associations sportives ont monté des haltes casse-croûte réconfortantes aussi bien pour le moral que pour l'estomac. Enfermés dans notre sacrée bagnole nous ne voyons que la route. La radio grésille les nouvelles du jour : « On s'est traditionnellement baigné à Nice... Le rallye Paris-Dakar est parti aujourd'hui... »

On traverse Masseret entre Limoges et Brive : un Mercedes 280 GE est entouré par la moitié du village. Girophare, gendarmes, tôle froissée. Je consulte la liste des concurrents : c'est Migault. On ne s'arrête pas. Ça ne servirait de toute façon à rien. Toulouse sous une pluie battante. Il ne faut pas louper cette saloperie de contrôle. On le loupe ! Demi-tour, des gens nous guident. Un coup de tampon sur notre carte gondolée par la pluie. Un casse-croûte sous une tente dont le toit transformé en poche d'eau menace de se rompre à tout instant. Je retrouve quelques copains motards. Pour eux la fête est finie : la route est une patinoire, ils ont froid, ils n'y voient rien, ils sont trempés...

Encore du bitume pour rejoindre Sète. Plus on avance dans les petites heures du matin, moins il y a de spectateurs pour nous applaudir. Le fanatisme a ses limites. Nous roulons pendant des kilomètres sans plus rencontrer de voitures du rallye. Seuls de temps en temps des motards roulent comme des automates. En groupe, blottis les uns contre les autres, ou le plus souvent seuls. Déjà la fatigue fait des ravages, et l'on rencontre sur le bord de la route, des motos béquillées et des types allongés à même le sol, parfois sans même un duvet...

Nous atteignons le camp des Garrigues vers quatre heures du matin. Marc dort dans la voiture, recroquevillé sur les sièges avant. Je monte la tente parapluie, — une invention formidable — et m'enfile tout habillé dans le duvet. Difficile de dormir, il y a des voitures qui arrivent tout le temps. Certains font rugir leur moteur car même la nuit n'empêche pas les mécanos de bricoler. J'ai froid. Il doit faire zéro dehors et un degré dans la tente.

Aux premières lueurs du jour, n'y tenant plus, je sors courir pour me réchauffer. Le spectacle vaut le coup d'œil. Il y des voitures et des motos partout. Et nous sommes tous, mécaniques et pilotes, dans un état de fraîcheur varié. Ça va de la forme olympique aux grandes poches sous les yeux. On bat la semelle en papotant pendant que les motards essuient le givre de cette nouvelle épreuve spéciale. Celle d'Olivet, à Orléans est annulée. Les organisateurs, gênés par la foule, n'ont pas pu chronométrer les concurrents. On apprend aussi que seul le contrôle de passage de Brive est comptabilisé ; trop de concurrents ont loupé celui de Toulouse. Ça commence bien ! Si on avait su on ne se serait pas emmerdé à tourner en rond dans Toulouse. Jean-Pierre Kurrer a fait de la mécanique toute la nuit : il rejoint les Garrigues à 12 minutes de son temps idéal.

Revoilà Roger et son chronomètre. C'est à nous. Après un petit bourbier en virage, la voiture attaque la piste caillouteuse. Rien à dire, pour l'instant ça passe bien partout. Et puis ici il y a de la place, les spectateurs sont assez loin de la piste. J'étais venu là en spectateur, l'an dernier, mais le parcours a changé. Une descente, une grosse bosse, on décolle, on retombe bien sur nos roues, comme à la parade. Une autre descente, une grosse bosse, on décolle... « Merde », il y avait encore une autre derrière. Avec un trou profond, une gigantesque saignée, où notre voiture plonge et tape avec un bruit épouvantable. On aurait dû se méfier, il y avait là un bataillon de photographes. Ce n'est jamais bon signe... On échange un regard furtif, la gorge serrée, et on continue. Sitôt franchie la ligne d'arrivée on sort de la voiture comme des fous et chacun de son côté on passe l'inspection. Il y a un pli au bas du montant de pare-brise, à droite ! Il y a une bosse, ou plutôt un vilain creux, au milieu du pavillon, toujours à droite. Le train avant a légèrement bougé : on n'est pas dans la merde !

Un type avec un blouson Peugeot s'approche de nous. C'est, si je me souviens bien, le concessionnaire de Mazamet. Son fils est là, qui tâte un peu du rallye : « Avec des amortisseurs comme ceux que vous avez vous n'irez pas loin... » Il a raison mais nous n'en avons pas d'autres. Et puis, nous sommes trop chargés. Nous avons trop de pièces détachées mal réparties. C'est idiot d'avoir monté les roues de secours sur le coffre. Bref il faut faire quelque chose. Et, entre Jean-Paul Guénin à Paris, les gars du coin, Marc et moi, commence une course contre la montre. D'autant plus qu'un cardan vient de lâcher à l'arrière...

Nous avons acheté, d'occasion, l'ensemble de suspension avant et arrière de la 504 d'un sympathique docteur. C'était à démonter sur la bête : une voiture qui avait déjà une carrière sportive bien entamée. C'était pas du neuf, neuf, mais mieux que rien. Il a fallu, comme tous les concurrents en Peugeot entrer par effraction dans le magasin des pièces détachées du concessionnaire de Sète. Le brave homme n'avait pas pu trouver son magasinier qui était parti à la pêche avec la clef.

A quatre pattes dans le port de Sète, Marc démonte la suspension de notre 505. Dans un garage à l'autre bout du port on démonte la 504. Pendant ce temps-là les voitures embarquent. Il ne reste plus que nous dans le port vide... Vers une heure du matin nous démontons deux cardans sur une voiture neuve dans le garage Peugeot. Celui que nous avons trouvé chez un casseur ne va pas. A quatre heures du matin la voiture tourne. Mais la direction déréglée fait d'horribles embardées... Il faut encore dévisser, scier, avant que le train avant soit enfin réglé convenablement. Tout le monde dort sur le bateau — le départ est retardé — nous nous affalons à même le port dans nos duvets. Nos suspensions « neuves » sont impressionnantes : on peut sauter à pieds joints sur le capot, ça ne bouge pas d'un centimètre. C'est dur comme du bois...

2 et 3 janvier : Sète-Alger
La croisière noire

Comme toujours sur les ferries qui font la traversée France-Algérie c'est le bordel. Les organisateurs sont débordés aussi bien par l'incurie de l'équipe que par l'inconséquence des passagers. On a à peine quitté le port que le bateau ralentit : une vedette nous poursuit. Lartigue, le vainqueur de la spéciale des Garrigues s'est endormi sur ses lauriers ; il a rejoint le bord dans le bateau du pilote.

Sac au dos — la seule manière de transporter son matériel —, avec les bretelles qui vous scient les épaules, les courageux motards foncent droit devant eux. Quelquefois, dans le sac il y a vingt litres d'essence : une vraie bombe.

(J. Potherat)

uand la machine ne eut plus avancer il aut pousser. Avec s bottes pleines 'eau, le cuir qui se onfle comme une ponge et les roues ui s'engluent dans la vase.

(J. Potherat)

Marie Ertaud, « la p'tite Marie qu'a bien des malheurs ». Sa bécane part en mille morceaux, elle va quand même jusqu'au bout. *(D.R.)*

Kolokani en 1981 : Hubert Auriol — le vainqueur — porte dans ses bras Christine Martin qui remporte la coupe des Dames. La femme est l'avenir de l'homme.

(J. Potherat)

Nicole Maitrot dite encore « Mini-Métro » ou la « Dame de Fer . Un courage exceptionnel : en 1981 elle a parcouru une étape debout sur les repose-pieds; car sa selle était tombée.
(J. Potherat)

Martine De Cortanze dans n'importe quelles circonstances a toujours l'air de sortir d'une boite.

Debout sur les re-pose-pieds; le corps bien en arrière, sur les jambes souples comme un cavalier, Vassard file vers l'étoile du sud.
(DPPI-Honda France)

Encore heureux qu'il y ait une grosse pierre pour poser la moto. Le drame du privé : après une longue étape, il faut encore retaper sa moto.
(D.R.)

Ornières après ornières, il faut pouvoir déjouer tous les pièges de la piste, jusqu'au moment où par fatigue, inattention on tombe. Il est tentant alors, allongé dans le sable chaud de dire : « Et puis, après tout, j'abandonne. » Et pourtant celui-ci repartira...

(*D.R.*)

Dormir, dormir... Dès que l'on peut dormir ne serait-ce que cinq minutes il faut en profiter. Les motards s'écroulent à même le sol au pied de leur moto.

(*D.R.*)

Tous les moyens sont bons pour arriver à Dakar. La R5 de Christian de Léotard est équipée de six roues motrice.

(C. de Léotard)

L'étape de Gao est l'occasion de refaire nos voitures et d'engager d'interminables négociations avec les « garagistes » locaux. Ici, Marc Billoret négocie des bras de suspension pour notre 505.

(J. Potherat)

Un contrôle en plein désert, à ne louper sous aucun prétexte sous peine de se voir infliger de lourdes pénalités.

(J. Potherat)

Notre Peugeot 505 deux roues motrices, qui sur cette photo a encore bonne mine. C'est au début de l'épreuve quand nous n'avons pas encore perdu tout espoir.

(D.R.)

Cramponné au bar nous trompons notre ennui. Que faire sur un bateau où s'entassent 800 personnes ? Sinon retrouver des copains, s'en faire de nouveaux et picoler...

Le bateau, c'est déjà l'Algérie. Et un certain laisser-aller oriental surprend ceux d'entre nous qui n'ont jamais franchi la Méditerranée. La bouffe est détestable, la climatisation nulle, les chiottes bouchées : vous en faites pas les gars vous allez en voir d'autres... Le sable du désert est un sérieux décapant pour le mince vernis de la civilisation.

Au gré des coursives on peut admirer les pimpantes tenues offertes aux concurrents par leurs sponsors. Ça va du T-shirt à paillettes jusqu'au bleu de travail de prolo. C'est beau, c'est neuf, comme nos autos qui dorment en bas dans la cale, et nos illusions qui embrument nos cerveaux. Nous serons tous à Dakar : c'est évident...

A son habitude, Thierry Sabine fait un « exposé-briefing-one man show ». On y pêche au hasard de grandes envolées lyriques : « ... le respect des indigènes... les tourments de l'homme livré à lui-même... le respect du règlement ». Et quelques erreurs du road-book. Ceux qui savent n'écoutent pas : ils ont la tranquille assurance de ceux qui sont revenus de tout et la sérénité péremptoire des affranchis. Ceux qui ne savent pas n'écoutent pas plus : ils ont l'intime conviction d'être les meilleurs...

Symbole étonnant, coïncidence, un certain nombre des soldats de notre invincible armada se sont vus remettre comme ticket de passage des « bons de chaise longue armée française ». Ces reliques ont été exhumées d'un placard où elles étaient oubliées depuis la guerre d'Algérie... A midi, Alger la blanche est en vue. Le débarquement va commencer.

Lundi 4 janvier : Alger-Ouled Djellal,
474 kilomètres
La conquête de l'Algérie

C'est avec la descente sur Sète, la partie la plus fastidieuse du rallye. Nous attendons des heures le débarquement de notre voiture. Avec quelques malchanceux nous sommes prisonniers de la soute : les gros camions Daf sont immobilisés sur la trappe. Et leurs chauffeurs s'occupent de leurs petites affaires au bureau de change sans se soucier de nous.

Des femmes voilées passent devant notre caravane sans même y jeter un œil. Les jeunes Algériens curieux nous questionnent. Les camions d'Africatours — que tout le monde appelle Africabouffe — sont déjà partis planter leurs roulantes à l'étape. Un gigantesque tourbillon de poussière et de papiers sales monte du quai : l'hélicoptère de Thierry Sabine décolle. Le départ est proche.

Une promenade en convoi nous emmène jusqu'au stade de l'Indépendance. Dans la traversée d'Alger les enfants jettent parfois des pierres. Peut-on le leur reprocher ? Revoilà Roger et son inséparable chrono. Et c'est de nouveau parti... Les routes sont sinueuses, étroites, fréquentées, mal signalées. Les motards de la police algérienne font des acrobaties pour nous impressionner : ils mordront la poussière. Un certain nombre d'entre nous laissent des plumes dans cette aventure. Un motard termine dans une charrette de foin. Nous mettons un moment pour doubler la Renault 4 Car System. Elle semble dépourvue de toute suspension et louvoie en sauts de puce d'un côté de la route à l'autre. Gêné par cette même voiture, Bruno Groine part en une impressionnante série de tonneaux avec sa Mercedes ; la course est finie pour lui.

Attention à ne pas louper une bifurcation. L'équipe Honda fonce bille en tête dans la mauvaise direction et s'inflige des kilomètres pour rien.

Tout le village d'Ouled Djellal est rassemblé autour de la table de contrôle. Notre voiture s'avance entre deux rangées bien fournies de spectateurs : des indigènes, des Européens... Il y a beaucoup de coopérants ici, surtout des techniciens. « Moi, si j'avais des vacances je les passerais pas comme ça. On voit rien... » dit une jeune femme à la hauteur de ma fenêtre. Que lui répondre ? Que c'est tout aussi bien que les cohortes de peigne-cul façon « tourisme et travail » que nous rencontrons parfois ? Que ce n'est pas plus con que de se dorer sur la plage ? Que finalement chacun est encore libre de faire ce qu'il veut ? Que payé par mon patron pour faire le rallye je suis un salarié comme un autre ? C'est évident, même pour les Européens, notre caravane pue le fric...

On nous a largement concédé huit heures pour couvrir 430 kilomètres. C'est large, trop large, et nous voilà encore à nous cailler en faisant le pied de grue autour du contrôle d'arrivée. Les motards dorment en attendant leur tour de pointer. Les derniers partis doivent lutter contre le sommeil jusqu'à 3 heures du matin. Ensuite il faut se glisser dans son duvet et se protéger du froid : 0° ! Ce n'est plus un rallye africain, c'est une expédition polaire. Un peu partout brûlent des feux, de vieux chiffons arrosés d'huile, quelques brindilles, de vieux cartons, car le bois est déjà rare. Dans ma tente parapluie j'ai récupéré Marie Ertaud, la « petite Marie qui a bien des malheurs », lâchée par son assistance qui traîne en route. Elle n'a plus de duvet. Difficile pour nous de trouver le sommeil. Toute la nuit, et ce sera comme ça pendant tout le rallye, les groupes électrogènes des équipes d'assistance, d'Africatours, font un potin d'enfer. On a l'impression de dormir dans un garage...

5 janvier : Ouled Djellal-Hassi Messaoud,
676 kilomètres
Sous le bitume, le désert...

Réveil matinal pour tout le monde. Et c'est le flash inoubliable pour les bleus du désert : ils y sont.

Aujourd'hui commencent les vraies spéciales du désert : Ouled Djellal-El Baadj, 60 kilomètres, et El Megahaïer-Guerrara, 177 kilomètres. L'impatience de faire enfin ses premiers tours de roue sur le sable, qui n'a fait que croître tout au long de la traversée en bateau et de la fastidieuse liaison sur le goudron, cède la place à une boule au creux de l'estomac. Chacun s'observe du coin de l'œil. Les cadors affichent des airs détachés...

On va enfin voir si cette satanée 505, avec ses nouveaux amortisseurs tient mieux qu'avec les anciens. Nous n'avons pas oublié notre plongée dans le « précipice » des Garrigues.

La première spéciale commence par quinze kilomètres de mauvaise piste en travaux. Elle débouche sur une piste plus large, bien ensablée, entrecoupée de nombreuses pistes parallèles. C'est là où il faut bien faire attention. Une mauvaise piste, et ce sont des minutes qui s'envolent... « On en avait reconnu une, une super, dit Jean-Claude Briavoine, bien meilleure que la piste principale... » Il l'a prise et quelques concurrents avec lui : ils se sont perdus.

Nous assurons sans forcer. Marc a reconnu le parcours en octobre ; de toute manière il « lit » sa piste comme un vieux chamelier et passe d'instinct au bon endroit. Il n'hésite pas à faire du hors piste pour ne pas rouler dans la « fumée » des autres concurrents. Les champions ne sont pas à l'abri des coups durs : Jean-Pierre Jaussaud éclate un pneu à 5 kilomètres de l'arrivée. Déjà il y a de la casse : la « terrible » Renault 4 Car System abandonne, elle a tout brisé dans la première spéciale. Premier des deux roues motrices et 21e au classement général, Michel Delannoy abandonne. Sa boîte, une Hewland de Formule 1, est hors d'usage. La piste secoue durement les boîtes de vitesses et le sable n'arrange pas les affaires. Fin comme de la poussière, abrasif comme de la pâte à rôder, il s'infiltre partout. Nos copains Jean-Pierre Chapel et Jean-François Dunac se sont enlisés deux fois avec leur petite Visa. Ils ont tellement pelleté qu'ils sont blancs comme des pâtissiers.

La 505 semble tenir le coup pour le moment. Nos glaces électriques impressionnent les « confrères ». Par contre nous découvrons que la climatisation ne marche pas. C'est un coup dur pour nous. La climatisation n'était pas un luxe mais un accessoire mûrement réfléchi : pour ne pas souffrir de la chaleur tout le monde roule vitres ouvertes, et engouffre du sable en veux-tu, en voilà. La seule solution pour rouler vitres fermées sans crever de chaleur : monter une climatisation. Les gens de Peugeot ont oublié de la charger en gaz ! Nous n'en trouverons pas, bien entendu, sur le bord de la route...

Premier « déjeuner » sur le pouce avec les rations distribuées par Africatours et un brin de toilette : on se rase dans le rétroviseur. Les jours suivants, on sera tellement crevé que les séances d'hygiène seront des plus réduites.

Après une liaison de 120 kilomètres sur le goudron où nous croisons nos incorrigibles Japonais en pleine séance de photos souvenir dans un paysage grandiose. Le gros morceau de la journée est en vue : 170 kilomètres de spéciale bien sablonneuse et vallonnée. Puis une piste terriblement rocailleuse. Et, pour terminer, après une partie de la liaison où il est facile de se perdre, un peu de goudron jusqu'à Hassi Messaoud.

Ça devait être dur, mais on n'en attendait pas tant ! Dès le départ l'armée algérienne ouvre le feu sur les éclaireurs de notre colonne : nous étions en plein dans un champ de tir un jour d'exercice...

Touroul abandonne aux portes du désert : chaîne de distribution cassée, circuit électrique grillé. Briavoine est bloqué sur le bord de la piste sans pompe à eau.

Sautant de bosses en bosses, avec son agile petite Subaru 4 × 4, Vic Elford étonne tout le monde. Les frères Marreau jouent la prudence : « Dans la première partie de la course, 6ᵉ c'est une bonne position ! On a le temps de voir venir », marmonnent-ils dans leur barbe. Les quinze premiers se tiennent dans un mouchoir de poche : 15 minutes. C'est le temps d'une crevaison... Partis en 76ᵉ position sur 233 concurrents arrivés à Ouled Djellal, nous sommes 67ᵉ sur 204 à Hassi Messaoud. Vingt-neuf voitures manquent à l'appel. C'est beaucoup.

L'arrivée dans la capitale saharienne du pétrole ne manque pas d'allure. Les torchères éclairent comme en plein jour, monstrueux feux de Bengale.

Le podium Africatours est déjà en place. Et c'est le moment de répit : la bouffe. Les novices qui n'ont pas emporté de gamelles mangent dans des protège phares ; des motards dévissent leurs carters latéraux. On demande des nouvelles. « As-tu vu Untel ? » J'ai vu aussi dans un brouillard de sable Christine Martin assise sur le bord de la piste ; elle attendait une roue neuve. Les motards ont souffert dans cette spéciale. Fraîchements plâtrés, deux d'entre eux grelottent près des roulantes. Pour eux, c'est terminé...

C'est encore la comédie du pointage à l'heure idéale (« idéale » — pour qui ?) qui nous prive bêtement de sommeil. La révolte gronde... De toute façon, nous avons décidé de faire une « grande visite » de notre 505. Marc répare des roues crevées. Je vide toute la voiture pour mieux répartir les charges. Le lourd, essentiellement des pièces détachées, est placé au milieu sous les sièges. Et les deux roues de secours quittent définitivement le couvercle du coffre pour prendre place derrière l'arceau de sécurité où il y en a déjà une.

Nous n'avons pas de trip-master. Cet accessoire indispensable aux vrais rallyemen nous fait cruellement défaut. Nous n'avions pas assez d'argent pour le dilapider. Nous avons juste acheté des renvois d'angle et des câbles et emporté un vieux compteur avec nous. J'essaie de le monter. L'entreprise est tellement compliquée que d'un commun accord nous renonçons. Nous continuerons avec le totalisateur étonnamment précis mais mal commode à surveiller... De même, nous n'avons pas de compas, juste une petite boussole offerte en prime par un marchand de carburant, avec laquelle Marc a traversé déjà cent fois le désert ! C'était bien suffisant ; et ça faisait causer le monde...

6 janvier : Hassi Messaoud-Quatre Chemins, 466 kilomètres
La piste interdite

Ce matin pas de gros problèmes, juste 400 kilomètres de bitume jusqu'au départ de la spéciale. Bien sûr ce n'est pas tout à fait l'autoroute, juste une étroite bande de goudron posée à même le sable. Par endroit la nature reprend ses droits : la dune envahit la route ou alors le goudron est creusé d'énormes trous. On a le temps de faire attention, ce n'est pas tout à fait la course.

Au départ je quitte mon vieux copain Daniel Mocquart et sa bande de jeunes. A Paris, ils avaient le moral ; mais il faut un minimum de préparation avant d'attaquer le désert... Surtout sur une aussi longue distance. Educateur, Daniel avait monté une invraisemblable opération de sponsoring pour son équipe de jeunes. Et sur leur Land Rover quasiment bonne pour la réforme on pouvait lire le nom du mécène, l'ANPE. Rien que ça ! Les motos qu'on leur avait données n'étaient pas meilleures non plus. C'est dommage car ils étaient bien sympathiques.

Nous fonçons à fond de train. Marc connaît bien le coin, il sait que les concurrents qui traînent sont obligés de se battre au couteau pour accéder aux pompes à essence. Le paysage est peu varié mais les grandes dunes sont très impressionnantes. Nous avons l'impression de faire quand même un peu de tourisme. Le goudron est mauvais pour les motards. Nous en doublons quelques-uns qui farfouillent dans les entrailles de leurs bécanes.

Et voici Hassi-Bel Guebbour et ses pompes Sonatrach. C'est le monument le plus luxueux à des centaines de kilomètres à la ronde. Hallucinant, surréaliste, une station-service comme sur nos autoroutes surgie au milieu des sables. Un mirage en dur ! En fer et en béton. Il n'y a presque personne, alors on fait vite le plein. Et puis on file au restaurant du coin.

Ahmed tient une gargotte-magasin sur le bord de la piste. C'est très bien, vraiment très très bien pour le standard local. Sur une chaise bancale je retrouve Jean-Luc Roy de *4 × 4 Magazine* enfournant de grandes fourchettes d'omelette au couscous arrosée de larges rasades de « nectar d'abricot ». A côté de nous, comme à la terrasse du Fouquet's, les « panthères roses » Corine Koppenhague et « Marido » s'étirent au soleil. L'avion de mes confrères de la presse se pose sur la piste dans un grand nuage de sable. On est presque en vacances. J'en profite pour acheter quelques mètres de tissu bleu marine pour faire deux chèches. Même en voiture c'est encore ce qu'il y a de mieux pour rouler sans respirer de la poussière à qui mieux mieux.

Retour à la pompe où le vernis de la civilisation a définitivement craqué. Ils se battent d'une bagnole à l'autre comme dans le pire embouteillage parisien ! Même les grossièretés ne manquent pas. Tout ça pour une place de gagnée dans une file qui de toute manière est démesurée. Les Algériens rigolent...

Nos copains qui ont un coupé 504 V6 sont inquiets :

leur voiture se casse en deux. Ils passent unc bonne partie du temps à souder. Pour l'instant notre voiture semble marcher convenablement et ne donne pas de signes d'inquiétude. Je discute le coup avec Mark Thatcher, le fils de la Dame de Fer, qui partage une 504 Dangel avec Charlotte Verney. Ils se demandent ce qu'ils sont venus faire dans cette galère. Ils ont un phare cassé et l'assistance n'est pas là. Je repère un bout de grillage en plastique avec du scotch noir, c'est suffisant pour protéger l'ampoule contre les pierres volantes. J'en profite pour équiper également nos phares. C'est à ce moment-là que Charlotte s'aperçoit qu'elle n'a pas de bidon d'eau. C'est pourtant obligatoire, et même si cela ne l'était pas, c'est folie que de partir dans le désert sans eau. Heureusement Ahmed possède un stock de bidons en plastique.

Et c'est le départ vers 4 Chemins. Encore une spéciale bizarre. Ça démarre en une multitude de pistes parallèles sur du sable mou. Ensuite la piste devient unique. Et c'est une méchante tôle ondulée. C'est infernal. Notre voiture est très lourde car nous avons fait le plein en prévision de la longue étape de demain. Et puis on retombe sur un vieux revêtement routier tout pourri qui dure sur une quinzaine de kilomètres. C'est évident que ce coin-là n'est plus emprunté par personne. D'ailleurs nous sommes sur la « piste interdite ». En se rapprochant de 4 Chemins la piste zigzague à flanc de montagne avec des à-pics très impressionnants.

Ça a été dur pour tout le monde. Les trois « grands » de la moto caracolent en tête : Auriol, Bacou et Joineau. Nous avons croisé des motards malheureux tout au long de la piste. Et comme toujours dans les premières étapes du rallye des imprudents ne se sont pas assez méfiés : par terre on trouve des chambres à air, des trousses à outils, des gourdes... Même en voiture on perd déjà un tas de trucs, alors à moto...

Aujourd'hui ce sont les camions d'assistance qui trinquent. Le camion de Fougerousse a été mis hors course dès Hassi-Messaoud ; un des membres de l'équipage est rapatrié d'urgence à cause d'un ulcère aigu. Ce n'est pas très important pour Fougerousse qui, lui, a abandonné la veille. Plus dur le sort des Lada : sans huile leur camion d'assistance est bloqué en plein désert. Plus de pièces et surtout plus d'essence pour les Niva. Alain Oger tremble encore de peur : « Mon réservoir supplémentaire souple a crevé. Ça coulait sur l'échappement, j'ai cru que l'on allait sauter ! » Il y a eu quelques tonneaux : Christine Beckers bande sa petite Subaru avec de longs morceaux de ruban adhésif. « J'en ai usé deux rouleaux, dit-elle, ça tiendra bien ! »

C'est toujours étonnant de trouver un carrefour en plein désert. Celui de 4 Chemins est coincé sur un escarpement rocheux en forme de plateau. Il est encadré par des monts étranges et splendides. Il s'agit de passer dans cet endroit balayé par le vent, l'une des nuits les plus inconfortables du rallye. Il fait à peine deux degrés. Les malheureux qui n'ont pas de tente cherchent un abri précaire sous les voitures...

Et c'est encore une nuit illuminée par les groupes électrogènes et bercée par un concerto pour clefs anglaises. Les frères Deleforterie démontent leur turbo : « Ça chauffe trop ! On roulera sans. » Ils offrent à la régalade des rasades de « Blanquette de Limoux ». C'est leur sponsor et il a été généreux pour les payer en « liquide ».

Inspection de la voiture, visite de routine : « Tiens, viens voir, un tirant de suspension avant est desserré ! » Marc, qui abandonne un instant ses démonte-pneus — nous avons crevé deux fois aujourd'hui — en convient : « Resserre bien fort et ça tiendra... » J'ai pas de clef de 34. Nous n'y avons pas pensé ; un outil pareil ça ne devait pas servir à grand-chose. Je fonce chez « Courte Paille », le gros camion Mercedes qui aujourd'hui s'est battu à mort avec l'ACMAT de la Sécurité civile. « Une clef de 34 ? Pas de problème. Et puis vous resterez bien à dîner avec nous ? » Très mondaine l'équipe Groine-De Saulieu-Malfréol. D'accord, nous viendrons dîner avec notre bouteille de Château Latour sous le bras. Nous aussi on a notre cave. Mais pour l'instant les soucis continuent : « Regarde ! » Marc me montre le passage de roue arrière gauche. Le manche de mon couteau Opinel dépasse de la tôle. La lame est planté dans la tôle, ou plus précisément dans le blackson... Pour une belle fente, c'est une belle fente. Il y en a une de chaque côté : une coupure de dix centimètres ! Pas la peine de chercher l'origine, le réservoir supplémentaire de 140 litres est trop en porte-à-faux sur l'arrière. Les premières étapes avec les roues de secours sur le coffre n'ont rien arrangé. « Coco, on n'est pas dans la merde ! »

La gorge un peu serrée on fait quand même honneur aux andouillettes dorées cuisinées par Georges Groin et au champagne Courte Paille. On est pas sponsoré par une chaîne de restaurants pour rien : les trois amis trimbalent un congélateur gros comme une armoire normande, bourré jusqu'à la gueule...

7 janvier : Quatre Chemins-Tit, 707 kilomètres
Mort d'un motard...

Dieu existe. Il a même un hélicoptère... Il nous apparaît tous les matins à heure fixe entouré de quelques membres de son Panthéon tout de bleu vêtu, comme la Vierge de Lourdes... Tous les matins, Thierry Sabine prêche dans le désert. C'est le rituel du « briefing » sur fond de pauvres hères ensommeillés cramponnés à leur gamelle de café... « Tu es mon berger O Seigneur ! »

Ce matin-là, Thierry Sabine insiste, notamment pour les motards, sur les difficultés du parcours. C'est la première spéciale vraiment longue : 565 kilomètres ! Il faut faire attention à la navigation, et surtout — pour les motards — résister à la tentation de foncer à l'estime en hors-piste. Nous sommes priés de suivre la chaîne de montagne, sans jamais la perdre de vue, et ne pas oublier la fourche à droite au kilomètre 260. Les contrôleurs se montrent un peu plus exigeants que d'habitude et vérifient notre équipement de survie et de sécurité : boussoles, fusées, miroir de signalisation, etc. A peine le temps d'admirer le lever du soleil encore plus beau que le coucher d'hier et nous entrons dans le vif du sujet.

Faut pas se perdre. Marc a confiance dans son pifomètre de précision. Dans des passages où la piste est large comme un océan il y a des voitures éparpillées dans toutes les directions. La navigation prime pendant les premiers 200 kilomètres. Le passage montagneux marque un changement de cap après lequel on peut se reposer un peu en roulant à fond sur une bonne piste pendant une soixantaine de kilomètres. Ensuite on affronte des successions de vallons sablonneux et des passages de tôle ondulée sur la piste principale.

« Tiens, à gauche une B.M.W. en rade ! Merde, c'est Auriol. » On le double rapidement, mais on garde son image dans l'esprit : il est assis à côté de sa bécane. On saura le soir seulement qu'il a cassé deux boîtes de vitesses dans la journée. Plus loin c'est Christine Martin qui patiente à son tour sous le soleil. Dur, dur pour nos copains les motards. Et plus loin encore, un type allongé à côté d'une moto couchée par terre et un petit groupe autour de lui. Encore plus loin une voiture sanitaire remonte en sens inverse girophare allumé, talonnée par un hélicoptère... Ce n'est pas bon du tout. Nous apprendrons le soir que Bert Oosterhuis, un motard hollandais s'est tué en faisant du hors-piste. Rédacteur en chef d'un magazine moto hollandais il avait déjà participé au rallye de 1981. Cette année il avait entraîné avec lui une joyeuse bande de compatriotes.

Une voiture retournée sur la gauche. C'est le Toyota

des « panthères roses » Corinne Koppenhague et Marido. En voulant doubler le Mercedes de Thierry de Montcorgé, en hors-piste, elles ont perdu d'un seul coup leur roue avant droite. Après la dernière crevaison, elles avaient mal resserré la roue ! Christophe Neveu a réalisé un exploit. Il a fait 300 kilomètres sans accélérateur, son passager Jean-Luc Roy tirant sur le brin de câble. Avec ça, temps de bricolage compris, ils sont cinquièmes du classement de l'étape. Jean-Pierre Jaussaud s'est arrêté pour dépanner son rival René Metge : la classe et l'élégance.

Après la dernière partie de la piste en mauvaise caillasse nous franchissons le contrôle de fin de spéciale. C'est le moment de jeter un coup d'œil à notre pauvre voiture qui a encaissé sa première longue étape. C'est pas joli, joli... Le train arrière a une sale gueule. Une très sale gueule. Les roues sont écartées, avec un carrossage négatif à faire pâlir d'envie une Simca 1000 de banlieue. Et à l'avant ce sacré écrou de tirant de suspension s'est encore barré. Pas tout à fait quand même, juste desserré, mais ça n'arrange pas le silent-bloc... Pas de clef de 34. Un routard allemand est arrêté pas loin avec un gros poids lourd qu'il compte fourguer au fin fond de l'Afrique noire. Il n'a rien non plus. Alors on repart en roulant sur des œufs.

A la pompe à essence c'est le bordel. Pendant que Marc fait la queue — on est au moins en trentième position pour être servi — on discute entre nous. Ça va mal. Très mal. Ce ne sont que plaies et bosses partout. Un grand gaillard qui vient de faire le plein se désolé en voyant le précieux liquide couler dans le sable : son réservoir est crevé. Charlotte Verney me tombe dessus et m'engueule : « Ton bidon c'est de la merde. Il est vide... » Je vais voir, le bidon d'eau d'Ahmed est effectivement vide. Pas arrimé il a dansé la cucaracha pendant des centaines de kilomètres et s'est défoncé. Normal. Charlotte est désolée : « Je voulais mettre de l'essence dedans car nos réservoirs sont un peu justes... » C'est prudent ! L'avenir le prouvera.

Pendant que Marc prend son mal en patience, je fais le tour des abords de la station-service pour dénicher quelques bouts de cornière. La ferraille pousse mal dans ce pays et le moindre bout est un trésor. Heureusement que le climat ne favorise pas la rouille. Je trouve des restes de clôture d'un poste militaire dont j'arrache un bon mètre de cornière en T. On va en avoir besoin pour renforcer les bras de suspension. En passant au pointage, une bonne surprise nous attend : un quart d'heure de pénalisation pour la queue à la pompe à assence. Bravo et merci monsieur l'organisateur... Notre carte rendue au contrôle nous filons jusqu'à Tamanrasset. C'est pas très loin, une bonne petite heure de route sur la Trans-saharienne. Cette voie triomphale — par laquelle les Algériens entendent percer le cœur de l'Afrique noire — à peine inaugurée est déjà complètement foutue. La mince couche de goudron s'écaille comme une vieille peinture de salle de bains. Les routiers ont créé une piste parallèle pour éviter les pièges et les ouvrages d'art effondrés...

« Tam » est en fête. Il y a plein de monde dans les

ruelles malgré l'heure tardive. On attrape le premier jeune venu : « Tu connais un garage ? » Il nous indique une vague adresse. C'est fermé. C'est à ce moment-là que l'on tombe sur une bande de routards sympas qui vont nous donner un sérieux coup de mains. Yves Rouillon, un petit malin à l'accent du Midi, descend avec ses copains des 404 vers le Togo ou le Bénin, je ne sais plus. Il s'est arrêté pour voir passer le rallye. Il va être servi.

Il connaît bien le garagiste et nous emmène chez lui : « Bonjour, ça va ? — Ça va ! » Le palabre commence avec ce grand noir qui nous offre le thé. D'accord on peut utiliser sa fosse. D'accord pour ressouder tout ce que l'on veut. Alors on s'y met tous pendant que la petite amie d'Yves entame une gueule de circonstance. Elle n'aime pas les courses, les rallyes, la bagnole... Il faut vider la voiture, examiner, palper. Ce n'est pas rassurant. A l'avant le foutu écrou de 34 sera resserré encore une fois en attendant mieux. A l'arrière c'est plus délicat. Les fentes de la caisse font vingt bons centimètres. Quant aux triangles de suspension ils sont pliés, coupés, tordus. On va essayer de les remplacer par des triangles de 504. Un sacré boulot car il faut également changer les cardans. Mais où en trouver ? Yves connaît un Allemand dont la 504 a tapé durement. Il va essayer de le persuader de nous vendre son train arrière. Il part. Ses copains restent. On démonte.

Omar est plein de bonne volonté. Mécanicien chef de ce garage il soude notre mince tôle avec des baguettes certainement détournées d'un chantier de prospecteurs. Ces baguettes sont faites pour de la tôle d'au moins un centimètre d'épaisseur, des pipe-lines... A chaque étincelle il creuse un nouveau trou dans notre carrosserie qui se désagrège en gouttes incandescentes.

Je ne me souviens plus qui est celui qui le premier a crié : « Au feu ! » Mais la garniture intérieure arrière flambait joliment. On a pris tout ce qui nous tombait sous la main. On s'est brûlé les mains au plastique fondu. L'extincteur n'a pas voulu sortir de son logement. Mais on a éteint le feu. Et on a eu peur rétrospectivement : les pleins faits à ras bord, nous avions 200 litres de carburant dans la voiture. De quoi faire sauter toute la ville. Et nous avec...

Yves revient bredouille. Alors on s'affaire à grands coups de masse pour redresser les triangles et l'on soude tant bien que mal nos bouts de cornière. Ça devrait tenir jusqu'à Gao. A côté de nos outils les routards font mijoter un cassoulet des familles. On ouvre une bouteille de Bordeaux. C'est la fête. Sur ses roues, la 505 retrouve une garde au sol à peu près convenable. Un dernier salut aux routards. Quelques billets dans la main de notre soudeur incendiaire. Et on se perd en rejoignant le camp. Sauf les acharnés de la mécanique, tout le monde dort.

Les touaregs ont allumé des feux. Autour des braises les motards dorment tout habillés. Mais les motards gardent le moral. Impossible de se préserver de la promiscuité dans le désert. La végétation est rien moins que dense, elle est nulle. Un pauvre gars, le cuir sur les genoux, a du mal à cacher une formidable courante : « Je suis réglé un peu trop riche aujourd'hui ! » dit-il sans se démonter.

8 janvier : Tit-Timeiaouine, 538 kilomètres
Surtout ne pas se perdre...

Nous n'avons pas beaucoup dormi. Nous ne nous sommes pas vraiment lavés depuis une semaine. Au radar nous nous dirigeons vers un concurrent qui tient une feuille de classement de l'étape 4 Chemins-Tit. « C'est pas vrai ? » Si ! nous sommes 68ᵉ au classement général sur 133 rescapés. Depuis le départ 102 voitures ont renoncé. Nous n'en revenons pas.

Cette seconde étape du désert est encore une épreuve spéciale dans sa totalité. Ceux qui connaissent le parcours disent que c'est la plus belle. Nous espérons seulement que ce n'est pas la dernière. Une première partie est bien roulante. C'est du sable plat. La vue est bien dégagée. Tout va bien, nous fonçons à 140 comme sur l'autoroute. Et puis, une piste rocailleuse nous emmène droit sur le village de Silet où nous tombons directement sur le contrôle de passage. A gauche et à droite on voit des concurrents qui filent sans rien voir : ce soir, au moment des comptes, ça va faire mal...

Jusque-là on a navigué au pif, comme d'habitude. Terrassé de sommeil je roupille plus souvent qu'à mon tour...

Après le contrôle de passage plusieurs pistes se

présentent. C'est là qu'il va falloir faire très attention. Pour les étourdis, les risques sont énormes. Vers la gauche, une trace conduit sur une mine d'or en exploitation. C'est là que vont se retrouver bon nombre de concurrents. A partir de la mine on peut — si on veut — continuer tout droit et rattraper la piste principale à 40 kilomètres de là. Mais comment éviter la panique qui monte d'un seul coup quand on s'aperçoit que l'on est perdu ? La plupart des égarés manquent de sang-froid. Il s'égaient dans la nature au risque, pour les motards, de tomber irrémédiablement en panne.

Nous roulons sans problèmes d'orientation. Marc connaît la piste par cœur. On double de temps en temps une voiture en faisant du hors piste. C'est fou ce que les gens aiment rester les uns dans la « fumée » des autres alors qu'il suffit de s'écarter un peu pour être complètement dégagé. Même chose sur les pistes parallèles. Mais il faut faire gaffe : quand elles se rejoignent c'est en général le dernier qui lève le pied de l'accélérateur qui passe. Il y a eu des accrochages spectaculaires.

« Grrrrrr ! » Un abominable bruit de frottement monte de l'avant droit. Avons-nous crevé ? Je saute en vitesse : « C'est le tirant de suspension avant droit qui a lâché ! » Le pneu est collé contre le passage de roue. Il faut sortir le cric, les outils. Démonter la roue. Et se servir de ce que l'on a sous la main pour ramener tout le bras de suspension avant et le tirant dans une position plus orthodoxe. C'est dur. Il fait chaud. Il y a des épineux partout. Heureusement nous avons des écrous de rechange. Il nous faut une bonne heure pour nous en sortir. Trois fois cela se reproduira encore. Nous améliorons notre temps d'intervention : une demi-heure seulement à la fin ! Et pour arranger le tout les bras de suspension arrière commencent à s'affaisser malgré nos soudures. Je passerais une bonne partie de la fin du parcours à sortir par la fenêtre pour jeter un coup d'œil sur nos roues au premier bruit suspect.

A l'arrivée tout le monde commente l'exploit des hommes du jour : Christophe Neveu et Jean-Luc Roy. Ils ont eu peur de se perdre et ont attendu leur suivant immédiat. Rassurés ils ont foncé et remporté le classement scratch ! Pourtant il y a du tirage dans le couple Neveu-Roy. C'est dur de se supporter à deux dans de pareilles conditions.

Le campement de Timeiaouine est installé en plein cœur de la cité touareg. C'est un village de quatre ou cinq rues. Des maisons ocres écrasées de soleil, nichées au fond d'un trou de caillasses.

Devant l'unique pompe à essence la file d'attente est interminable. Des grappes de gamins nous entourent. Des touaregs en sarouels couleur de ciel d'orage et de nuit nous observent à une distance prudente. Notre programme est établi : bouffer et souder...

Bouffer c'est facile. Souder, beaucoup moins. On s'est installé avec Didier Marty et Michel Cazalot et toute l'équipe Peugeot Dangel. On attend le camion d'assistance Peugeot. Ça dure, ça dure, et rien ne vient. Il peut aussi bien arriver demain matin, c'est-à-dire trop tard, ce maudit camion. Alors je pars à la recherche d'un soudeur complaisant. Rien à faire localement. Il n'y a pas de soudeur. Il faut mendier auprès des assistances. C'est l'équipe Mercedes emmenée par François Migault qui me tire d'affaire. Heureusement que nous avons gardé le reste de notre bout de cornière. L'emplâtre n'est pas beau à voir, mais ça tiendra bien jusqu'à Gao... Et puis on n'a pas le choix. Pour le foutu tirant de suspension, on déniche un écrou presque neuf...

L'ambiance est lourde. Tard dans la nuit des phares découpent la poussière pour venir s'éteindre à bout de souffle sur le campement. Les arrivées vont s'échelonner jusqu'au petit matin. Il manque du monde à l'appel. Les pièges ne manquaient pas cet après-midi : un double changement de cap à Tim Missao et ensuite la piste de Bordj Mokhtar sur la droite ; à ne prendre sous aucun prétexte... Après notre séance de mécanique nous nous allongeons par terre. Il fait déjà moins froid. On se demande où sont passés Jean-Pierre Chapel et Jean-François Dunac que nous n'avons pas vus depuis un moment. Mais le camp est vaste, et puis on est occupé. On verra demain...

9 janvier : Timeiaouine-Gao, 677 kilomètres
L'oasis est en vue : Gao !

Gamelle de café fumant à la main on se compte du coin de l'œil. Et les bruits circulent. « Radio rallye » est une pipelette à la langue acérée. Il manque Charlotte Verney et Mark Thatcher. Il manque Eric Breton, Serge Bacou, Jean-François Dunac, Jean-Pierre Chapel, Thierry Reverchon, et encore une quinzaine de concurrents. Quels sont ceux qui sont perdus dans le désert ? Quels sont ceux qui ont rejoint Tit ? On ne sait pas. Alors personne ne s'inquiète vraiment. Et puis chacun a ses problèmes. Tandis que je mouille mon gant de toilette à la citerne un concurrent lave à grandes eaux l'embrayage de son buggy qui semble mal en point...

Malgré nos emmerdements d'hier on s'en est sorti pas trop mal. C'est même étonnant. Nous avons fait le 43ᵉ temps sur 174 classés. Nous n'en revenons pas nous-mêmes... C'est certainement à cause de la connaissance du terrain, car Marc trouve son chemin comme un vrai bédouin. Il n'hésite pas à couper, les autres concurrents et la piste disparaissent de notre horizon pour réapparaître parfois vingt ou trente kilomètres plus loin. C'est pour notre voiture, dont les performances sont somme toute modestes, la seule manière de gratter des places. Alors on gratte...

« T'inquiète pas mon vieux, aujourd'hui je suis sur mon terrain. Je rentre chez moi ! » Marc a confiance. Moi aussi. Depuis dix ans qu'il habite au Mali il a pris ces pistes une centaine de fois. Je peux fermer le road-book et m'endormir sans complexes ; c'est ma déplorable habitude. N'importe où, avec n'importe qui je dors en voiture ! Et ce soir à Gao nous attend un luxe inouï : une villa chez notre ami le docteur Vincent, un coopérant très sympa qui nous accueille sans réserve...

On fonce sur la piste, en pensant toujours à notre

suspension retapée, à notre écrou de tirant de suspension. Nous avons des oreilles partout, à l'affût du moindre bruit suspect. Ce n'est pas l'autoroute : d'abord une centaine de kilomètres « au cap » pour rejoindre la piste Bordj Mokhtar-Tessalit, qui suit la piste du Tanezrouft. Les traces ne sont pas très visibles ; il y a de nombreux pièges : des trous, des plaques de « fechfech », des bosses. Et puis, il faut encore s'accommoder d'une centaine de kilomètres de cailloux après Tessalit.

Tessalit, avec son incroyable fortin dans le style « exposition coloniale année 30 » marque la frontière entre l'Algérie et le Mali. A partir de cet endroit la piste est régulièrement bordée d'épaves de « Pigeot ». On trouvera toujours de la pièce...

Attention voilà le pont écroulé. Le road-book recommande de le contourner par la gauche. Pour nous c'est pas bon du tout. Nous avons l'habitude de passer par la droite. C'est un des problèmes du road book : on ne passe pas aux mêmes endroits avec un 4 × 4 et une deux roues motrices, surtout de série... De toute manière, aujjourd'hui le road-book a joué des tours à pas mal de concurrents. Entre la reconnaissance et notre passage l'état de la piste a changé — pour la partie dans le désert bien sûr — et les repères ne sont plus les mêmes.

Ce n'est pas notre jour de chance. On a crevé plusieurs fois, et il a fallu réparer les pneus sur place. Vive le gonfleur électrique portatif. C'est un accessoire indispensable car on ne peut envisager, sans être fou, de gonfler avec une pompe manuelle en plein soleil. La voiture renferme un souk infernal. Tout est mélangé à l'intérieur, il va falloir laisser des choses à Gao...

« Vrrrrrr ! » La tôle vibre sous mes pieds, la caisse résonne, la bagnole pique du nez... Le sacré écrou est encore parti. Une fois, deux fois, trois fois. Ça commence à bien faire. Et comme par hasard à chaque panne le camion qui transporte les journalistes tombe sur nous. Clic ! Clac ! Merci Kodak ! Je n'ai jamais autant haï mes confrères. Enfin, on emprunte une clef de 34 au chauffeur du camion. Ça sert au moins à quelque chose les voyages de presse.

La première fois on est tombé en rade dans un petit étranglement, au risque de se faire aplatir par les autres concurrents qui déboulent comme des boulets de canon. La deuxième fois, on est tombé en plein dans un buisson d'épineux. Les « cram-cram » sont des petites boules piquantes comme des oursins en miniature. C'est un plaisir dans ces conditions de se coucher sous la voiture. La troisième fois nous sommes en hors piste en plein dans le sable mou, sous un soleil de plomb. La réparation va de plus en plus vite. Pour gagner du temps je garde les outils entre mes jambes. On s'acharne à quatre pattes dans le sable brûlant quand une voiture s'arrête à côté de nous ; certainement encore ces emmerdeurs de la presse. Et bien non, ce sont Bernard Didelot et Marie-France d'Africatours : « Tenez les gars, on n'a pas le droit de vous aider, mais buvez donc ça ! » Un Pastis bien frais, là, en plein dans la brousse...

On en a bien besoin de boire pour oublier. Notre bras de suspension avant est, cette fois-ci, salement amoché. A force de sortir de son logement le tirant va de plus en plus loin et maintenant la biellette de direction est carrément tordue. Taper dessus avec un marteau ? On casserait le marteau ! Une grosse pierre ? Ici où il en faudrait il n'y en a pas. Alors on tape comme des sourds avec ce qu'il y a de plus dur : le cric Peugeot. Au bout de dix minutes il est complètement démoli et la biellette n'a pas bougé d'un millimètre. Alors on remonte comme ça et on scie la barre d'accouplement. Le train avant a une drôle de gueule, mais ça marche.

Pendant ce temps-là le chronomètre galope. On a sérieusement l'impression d'être dans les choux si jamais il faut recommencer l'opération. Et puis, ça peut casser définitivement !

Nous n'avons pas encore passé le plus difficile, la Marcouba. Cette dune plantée de petites touffes de végétation est un piège redoutable : c'est mou partout, sauf quelques rares endroits où c'est « presque mou ». Il faut regarder où l'on met les roues, et foncer le plus vite possible toujours en prise. Un coup de frein, une baisse de régime et c'est l'ensablement. D'ailleurs quelques concurrents sont coincés au moment où l'on passe, dont une demi-douzaine — sur la piste principale — bloqués par un camion immobilisé. Et bien on est passé sans arracher ce maudit tirant de suspension. Ce tirant est un tyran !

Il y a plus malheureux que nous... Mais dans notre

microcosme sur quatre roues nous ne le savons pas encore. A l'arrivée sur Gao nous sommes en pleine nuit. Il faut faire gaffe à ne pas franchir le contrôle d'arrivée dans le mauvais sens, sinon on prend huit heures de pénalisation ! Des dizaines de pistes s'entrecroisent et s'emmêlent. On ne doit pas être sur la bonne. Ça fait un moment que nous roulons sans rencontrer personne. Pas de phares devant, ni derrière, ni sur les côtés. Et puis soudain sur la gauche, une petite lumière verte, puis deux, ce sont les feux de signalisation obligatoires que chaque voiture porte sur le toit. Les couleurs varient selon les catégories.

A l'arrivée dans les faubourgs de Gao il y a des voitures dans tous les sens. Beaucoup d'entre nous sont trompés par les spectateurs massés sur le mauvais parcours (mais le plus direct). Une éolienne comme point de repère, d'accord, mais laquelle ? Prudent, je descends pour voir où et dans quel sens se présente le contrôle. Mieux vaut perdre deux minutes que prendre huit heures de pénalité. Alors tout le monde tourne en rond en hors piste autour de la table de contrôle. D'autres préfèrent passer directement ; tout plutôt que continuer à rouler sans fin. La palmeraie résonne des hurlements des pénalisés, des directeurs d'écurie, et des cris de joie des indigènes. Bien entendu à moto, ou en voiture ce sont les meilleurs qui trinquent car ils sont en tête.

Il est tard, plus de 10 heures du soir, mais peu importe, nous sommes à Gao. Nous sommes sauvés. Demain c'est jour de repos. Le grand cirque joue relâche, on va pouvoir se reposer et faire de la mécanique. Et même manger et se laver.

L'hôtel de l'Atlantide, merveilleux palace caricatural d'un roman feuilleton colonialiste, est bondé. La bière coule à flot. Les yeux éblouis par une lumière électrique dont nous n'avons plus l'habitude nous avalons la soupe, la bidoche duraille, la purée à l'eau, et les bouteilles de rouquin à 150 F (français). C'est bon, très bon.

Et c'est là que l'on apprend les nouvelles du jour. Ahurissantes. Auriol, le vainqueur de l'an dernier, a abandonné. A 50 kilomètres de Tessalit sa moto a rendu l'âme. Il ne retrouve son célèbre sourire de cover-boy qu'une fois installé dans le « restaurant-bar-dancing » de Tessalit (c'est ce qui est inscrit sur une pancarte) et attablé devant une boîte de pâté et un Pernod.

Au bout d'une table de la grande salle de l'Atlantide Jacky Ickx, toujours tiré à quatre épingles, tire cependant une gueule de six pieds de long. Ce n'est pas l'habitude de ce « pro » toujours en pleine forme. « On n'a jamais trouvé le Y à gauche indiqué sur le road-book. Alors on a vadrouillé pendant 70 kilomètres. Et on a déjà perdu une heure. » Pour la centième fois, devant un auditoire incrédule, Jacky Ickx raconte ses mésaventures. Ils ont en plus raté le contrôle de passage et pris cinq heures de plus... Les chances de victoire se sont envolées. Claude Brasseur est allé directement dans sa chambre ruminer sa déception. Pourtant c'est un garçon du genre plutôt jovial. Mais perdre la course pour une erreur aussi mince n'est pas facile à admettre. Vicelard ce fameux Y à gauche. Même les frères Marreau l'ont loupé. Ils ont retrouvé la piste en naviguant à la boussole.

Aujourd'hui c'est la fête à Gao. La caravane passe à domicile. Plus besoin de se déplacer pour rançonner le touriste qui se livre pieds et poings liés. Gosses et mendiants entourent les voitures : « Cadeau patron ? »

« Marc ne donne jamais ! » dit un petit Africain d'un ton péremptoire. Marc est connu à Gao où il passe plusieurs fois par an. Cela n'empêche pas les petites mains d'arracher les autocollants de notre voiture. J'ai oublié de fermer le coffre. A première vue il ne manque rien. Je m'apercevrai deux jours plus tard que notre boîte de rustines a disparu. On fait le va-et-vient d'une voiture à l'autre. On jacasse comme des pies : le rallye est en congé. Le rallye est en vacances...

Difficile de s'arracher au gros rouge et aux chaises de l'Atlantide. Encore plus de s'extirper des fauteuils du bar, du Ricard et de la bière glacée. Nous avons trouvé nos amis, qui nous écoutent poliment radoter nos histoires du rallye, comme des bidasses en permission.

Et les nouvelles continuent d'arriver car toute la nuit des concurrents se présentent plus ou moins mal en point à Gao. Un petit enfant a été tué par une voiture très loin près de Tessalit. Et le camion d'essence s'est retourné. Ursula Zentch, du journal *le Point,* est tuée sur le coup. Et puis, on est toujours sans nouvelles des naufragés du désert Serge Bacou, Mark Thatcher et Charlotte Verney. On espère que les Touaregs les ont récupérés, car le calme apparent des membres de l'organisation ne rassure vraiment personne...

10 janvier, Gao
Jour tranquille à Gao

Le silence me réveille. Ou plutôt le boucan infernal des milliers d'oiseaux perchés dans un arbre. Je dors sur la terrasse de la villa. Marc, dans un vrai lit, à l'intérieur. Nos hôtes préparent un petit déjeuner à pas furtifs : du pain, du beurre, de la confiture, du café, du thé, du chocolat, de tout...

Oui, mais cette saloperie de bagnole est là dans la cour et il doit certainement y avoir du boulot... Déjà un peu partout dans la ville on s'affaire sur la mécanique et comme les ressources locales sont limitées, les premiers arrivés seront les seuls servis. Heureusement Marc a ses habitudes ici. Il connaît tout le monde, et tout le monde le connaît. Ce n'est pas un touriste, Ousmane nous conseille comme des habitués...

On a vidé complètement la voiture. Et tâté, palpé, ausculté : elle est « gâtée », comme on dit ici. Le boy de Vincent qui a dû être zouave en 1900 — il a l'air d'avoir cent ans — trouve que notre fouillis est bien envahissant. Tant pis... Il faut refaire la suspension arrière. Complètement. Il faut redresser la biellette de direction et s'occuper sérieusement de ce tirant de suspension qui s'arrache tout le temps...

Aux grands maux, les grands remèdes : on va dénicher des triangles arrière de 504 et les renforcer en soudant de la cornière. Bien entendu ce n'est pas du tout neuf. Je vais ainsi passer une bonne partie de la matinée et de l'après-midi à réparer le groupe électrogène du soudeur africain, et à faire le boulot moi-même. De son côté Marc ne chôme pas davantage. Il faut redresser la biellette à coups de masse — il faudrait une presse mais ça n'existe pas ici — et faire un amortisseur neuf avec deux modèles différents... Il faut encore souder des plaques sur la carrosserie. Vidanger, nettoyer, graisser, et chasser le sable de partout. On doit tout faire soi-même, ou alors tout contrôler si l'on ne veut pas de pépins. La main-d'œuvre locale est nulle. Assise sur ses talons, la foule tient compagnie et commente pendant que le Blanc transpire. Etre pressé ne signifie rien en bambara...

Dans le cambouis jusqu'au cou, Didier Marty et Michel Cazalot fourragent dans une montagne de boîtes de vitesses usagées. Ils les ouvrent les unes après les autres comme des boîtes de conserve et regardent à l'intérieur : les bonnes à gauche les mauvaises à droite. Après ils vont encore démonter tout en morceaux, trier encore, et reconstruire une boîte de vitesses neuve pour leur 504 Peugeot Dangel.

Premières douches chaudes dans les bassines d'eau tiède mises à la disposition des équipages crasseux par les habitants. Les femmes vont laver dans le Niger un linge qui sèche instantanément. Sur la place principale, dans les villas, dans les coins secrets où se retranchent les équipes d'usine, où le long de la longue queue qui attend le passage du bac, on nettoie, on range, on trie, on jette. Les provisions et les pièces détachées abandonnées font le bonheur des indigènes.

A l'hôtel de l'Atlantide — « moins trois étoiles » — les serveurs débordés roulent des yeux ronds. Les prix montent de manière vertigineuse : c'est l'Afrique. Et puis il y a déjà quelques bonnes nouvelles. Eric Breton est rentré ; il a donné la position de Thatcher et Verney. Par contre on ne sait toujours pas où est Bacou. Il ne doit pas lui rester grand-chose à manger et surtout à boire.

Toute la journée, les employés du bac travaillent dur en plein soleil. Mais il y a toujours plus de voitures à passer et la file s'allonge. A 8 heures les prix ont triplé et soudain le personnel décide de faire grève. La majorité des concurrents a choisi de passer le bac le plus tôt possible pour fuir Gao et son arnaque... Autour du camion d'Africatours, la fête s'organise animée par les « jumeaux terribles », les frères Deleforterie, et leur stock de Blanquette de Limoux.

Nous avons terminé le ravalement de notre 505. Elle a peut-être l'arrière-train un peu étroit, avec sa greffe de 504, mais elle a repris sa hauteur normale. Quant à l'avant, ça a l'air de tenir aussi. La biellette est redressée. On a mis un silent-bloc presque neuf au tirant de suspension avec un écrou bloqué du mieux que l'on a pu... Inch Allah. On a même contacté l'importateur Peugeot de Bamako qui devrait nous faire parvenir des pièces demain soir à Mopti. Notre moral est au beau fixe.

« Vous reprendrez bien une tranche de rôti ? » La

compagne de Vincent nous refile notre quatrième tranche de filet de zébu. On a fait sauter le dernier bouchon de notre Bordeaux et attaqué le Lambrusco qui devait aller jusqu'à Dakar. D'une pointe de couteau experte chacun extirpe les charançons noyés dans la mie de pain — c'est l'Afrique — avant de se tartiner du camembert en conserve. C'est la vie de château !

Le long du Niger je somnole dans la voiture en attendant mon tour du bac. Les bruits, les voix sont étouffés par la chaleur moite. Marc qui a beaucoup peiné, est resté à Gao pour profiter encore une fois d'un bon lit. Je le retrouverai demain de l'autre côté. Demain, demain, c'est sûr, notre 505 aura des ailes...

11 janvier : Gao-Mopti, 645 kilomètres
Les « frères de la route »...

« Tu leur diras bien, aux autres, que c'est lui qui a voulu abandonner ! » hurle un grand escogriffe congestionné de colère. Il me prend à témoin et désigne d'un doigt vindicatif son collègue qui balance carrément ses bagages dans la poussière. C'est l'un des nombreux divorces du Paris-Dakar ; la vie de couple n'est pas faite pour tout le monde.

Je ne trouve pas cette scène de ménage excessivement désopilante. J'ai d'autres chats à fouetter : on part dans une demi-heure et Marc n'est toujours pas là. Comme le bac met trois quarts d'heure pour faire la traversée et qu'il vient juste de quitter cette rive, j'ai peu de chance de voir mon copain arriver à temps. Je saute sur place en échafaudant mentalement des combines irrésistibles pour prendre le départ quand même. Le grand escogriffe justement, avec un chèche sur la tête et les yeux qui dépassent, uniquement les yeux, plus un casque intégral, ça fera très bien l'affaire à côté de moi pour le contrôle de départ.

Tiens, une pirogue à l'horizon. Et Marc qui fait de grands moulinets avec les bras. Le Malien godille comme un fou, on dirait un hors-bord. Ça va mieux. Le temps de sauter dans la voiture et c'est parti. Aujourd'hui et demain ce n'est pas du gâteau. Gao-Mopti par le chemin des écoliers.

D'abord on file sur In Tellit, puis on coupe plein ouest vers N'Daki pour remonter sur Gossi et reprendre à l'ouest vers Hombori et la piste traditionnelle Gao-Mopti.

Tout le début, jusqu'à Hombori, c'est du sable mou. Marc aime bien le sable mou. Cigarette au bec, les bras tendus à la Jim Clark, il affiche le sourire détendu de l'homme à son affaire. En effet on fonce sans problèmes et on double un paquet de concurrents. Le moral remonte, les ennuis sont oubliés.

Il faut en mettre un coup. On a perdu pas mal de temps avec toutes nos séances de mécanique sur le pouce dans l'étape Timeiaouine-Gao. On est arrivé, limite-limite, à la place de 135ᵉ sur 149. Nous avons été relégués au fond du classement, c'est-à-dire dans les derniers sur la ligne de départ. Nous allons bouffer de la poussière toute la journée. Nous allons avoir toutes les peines du monde à doubler les camions d'assistance dans les passages étroits. Et surtout, on va rouler de nuit à tous les coups. C'est la plus grande injustice de ce rallye. Si les organisateurs avançaient un peu le départ il y aurait moins de nuit pour les derniers partis. Dès que le jour tombe, et il tombe rapidement, on voit la vitesse chuter de façon dramatique, 50 % ! Le moindre cailloux devient un piège épouvantable. Pour l'instant on n'en est pas là. Nous doublons Bernadette Sacy et Christine Caron. Ça gaze...

« Vrrrrrr ! » Et le plancher vibre sous mes pieds. « Merde ! C'est pas possible... » Cet enfoiré d'écrou s'est encore barré. On se regarde avec consternation. Si ça lâche si près du départ on n'a pas fini d'être emmerdés. Heureusement, nous avons une clef de 34, ça va déjà nous aider.

On est enfin repartis. Peu rassurés. Maintenant il est interdit de freiner. On risque de tout arracher. C'est pour Marc une tension nerveuse très éprouvante. On risque de se planter à la moindre erreur.

Plus question de regagner des places, il faut assurer, c'est tout. « Vrrrrrr ! » Encore... Là c'est plus grave. Nous sommes encore dans un passage étroit et les voitures lancées à toute allure nous frôlent les fesses. Et nous avons perdu les rondelles dans le sable, et l'écrou. Ce coup-ci c'est bien arraché. Le bras de suspension inférieur est complètement faussé. Et il y a pire, le levier de direction est tordu et à moitié ouvert par une sale coupure. Sans enthousiasme, sans trop y croire, nous remontons le tout le mieux possible. Combien de temps ça tiendra ?

Les voitures nous doublent de moins en moins. On doit être en queue maintenant. Au loin, on aperçoit les monts Hombori. Ces étonnants gâteaux de riz en rocher sont plantés en pleine brousse. Il n'y a rien à Hombori, sauf quelques cases et une gargotte, « Le paysan ». Il n'y a pas d'agglomération plus importante à trois cents kilomètres à la ronde...

« Vrrrrrrr ! » Cette fois, c'est fini. On sait que l'on ne peut rien faire. Il n'y a aucune pièce détachée sur tout le rallye. C'est étonnant comme nous gardons notre calme. Posément nous démontons la roue. Maintenant le temps ne compte guère. Une équipe de la télévision s'arrête, filme, filme... Leur Toyota loué au Mali a du mal à repartir et le chauffeur noir tripote le klaxon et l'éclairage en espérant un miracle des esprits. Un Toyota du rallye s'arrête, c'est Etienne Batifoulier, qui fait l'assistance de l'équipe japonaise Uchida et Kubota, ceux qui justement sont nos rivaux directs. Nous sommes en effet les deux derniers équipages courant sur « deux roues motrices de série ». Celui de nous deux qui arrivera à Dakar le premier gagnera sa catégorie. Aucun concurrent de ce Paris-Dakar n'a comme nous une chance sur deux de remporter une victoire de classe... Et un chèque coquet.

Le Japonais a l'air sincèrement désolé de nous trouver dans cette fâcheuse situation. Marc et moi on discute rapidement : « Allez Marc, file à Hombori voir si il n'y a pas une épave ! — Y a que dalle à Hombori, j'y suis passé en novembre — Alors va plus loin, tu connais le pays, moi pas... » Je m'apprête à passer une fin d'après-midi, et au moins une nuit à côté de mon épave. Marc disparaît à l'horizon dans le Toyota. Les gars de la télé poussent leur tas de ferraille et s'en vont. Je vais me taper un petit Pastis avant de sortir les outils. Molo, y pas le feu... J'ai deux pains d'épice, un kilo de pruneaux, presqu'un litre de Ricard ce qui suffit à parfumer mes vingt litres d'eau. La vie est belle. Hombori est à cinquante kilomètres. Mopti à plus de deux cents kilomètres...

Cinq minutes plus tard, un vieux break 404 immatriculé dans le Vaucluse arrive soudain, depuis Hombori. Un bras, pouce levé, jaillit de la portière où s'encadre le visage de Marc fendu d'un large sourire. J'ai compris ! A peine le Toyota avait-il disparu dans le virage que Marc est tombé sur une équipe de « routards » qui descendent des « caisses » sur l'Afrique. Les breaks 404 sont bourrés de pièces détachées rouillées. « Vous avez un ensemble de suspension avant droit 504 ? — Ben, oui, mais c'est un gauche ! — On peu voir quand même ? » C'est un droit...

Alors ça ne traîne pas. Sur le bord de la route on démonte notre super suspension de course. On remonte, aidés des routards — qui nous versent de larges rasades de Côtes du Rhône — le montage de l'antiquité salvatrice. L'amortisseur est cuit, ça talonne salement, mais au moins on a de nouveau une direction. Salut les gars, merci pour le coup de main. Merci également de ne pas avoir profité de l'occasion pour nous arnaquer.

Nous ne jouons plus à l'avion à réaction. La suite

de ce calvaire nous épargne les séances de mécanique. La piste est assez pourvue en chausse-trappes... Une horreur, des cailloux gros comme des parpaings par champs entiers sur des kilomètres, des marches, des fossés, des crevasses. Et surtout ces pistes en remblai qui ressemblent à des digues.

La nuit est tombée et nous n'avons pas fait plus des deux tiers du parcours. « Attention ! » Trop tard, un fracas de verre brisé et de tôle tordue à l'avant de la voiture. On ne peut plus avancer. Il n'y a plus qu'à descendre...

Nous sommes enfoncés jusqu'aux roues dans des branches d'arbres posées en travers de la route. A cinquante mètres des Noirs sont assis autour d'un feu. On devine dans l'obscurité la massive silhouette d'un camion. Ça va, on a pigé... Quelle bande de cons criminels...

C'est une habitude locale qui surprend toujours le touriste : pour ne pas risquer un accident quand on est en panne, on préfère en provoquer un chez les autres. Pour se protéger les taxi-brousse, les camions, dressent des barrières de branches ou même de pierre en travers de la route : celui qui vient en face ou derrière est bien obligé de s'arrêter. Et quand le camion est réparé c'est rare que l'on enlève la barrière qui est derrière. C'est beau la flemme. En attendant il faut repartir avec un phare cassé mais qui éclaire encore et un seul longue-portée. Est-ce que le concessionnaire Peugeot sera encore là quand nous atteindrons Mopti ?

« Y a un gars qui vous cherchait partout ! — Un

Noir ou un Blanc ? — Un Blanc barbu » nous dit le responsable du contrôle de Mopti. On est arrivé, pas les premiers bien sûr, mais on est arrivés : 122e sur 135. Il y a plus malheureux que nous. On va se désaltérer au motel de Sévaré. C'est la retraite de Russie... Des motards hâves dorment à même le ciment, dans l'état où ils sont arrivés, à 10 mètres de la table de pointage...

Les « filles », les motardes ont des cœurs en béton armé. Marie Ertaud est tombée. Coincée sous sa machine, elle a été dégagée par les sidecaristes allemands. Ensuite son moteur a serré. La « P'tite Marie » a terminé en poussant. Nicole Maîtrot, carter crevé mendie de l'huile aux automobilistes. Christine Martin a des problèmes de bobine, de pneus. Et Véronique Anquetil est tombée dans les pommes après une grosse gamelle dans un buisson d'épineux ; les médecins lui interdisent de repartir.

Les hommes du jour ? Jacky Ickx et Claude Brasseur. Vexés, à juste titre de leur pénalité, ils ont pris le mors aux dents et remporté l'étape avec 46 minutes d'avance sur Jean-Claude Briavoine. Mais ils n'ont pas le moral pour autant : « Notre retard est insurmontable. C'est grotesque... » Yves Sunhill dont le buggy marche comme-ci comme-ça gueule à la cantonade ce que nous, les deux roues motrices, pensons tout bas : « On veut que les deux roues motrices restent chez elles ! Quand Thierry Sabine dit que ça passe en 4 × 2, ou bien il n'y est jamais allé, ou bien il raconte n'importe quoi... » Il est certain que partir avec une voiture à deux roues motrices est un handicap, pourtant lui, il a un buggy bien adapté. Que dirait-il s'il avait, comme nous ou les Japonais, une voiture de série...

Je n'ai pas trouvé de Blanc barbu en rôdant autour de notre campement. Mais j'ai repéré un superbe Noir, patient et souriant. Il transporte des trucs dont nous n'avons pas besoin. Et il n'a pas ce qu'il nous faut. Eh bien tant pis, on va démonter un tirant de suspension et le silent-bloc sur sa voiture... Marc démonte sur la 505, moi sur la 504. De jeunes Noirs nous aident, fauchent un peu les outils. On y voit rien. Nous crevons de faim. Les outils nous tombent des mains. Demain matin il faut partir à 5 heures du matin. C'est bientôt, c'est tout à l'heure...

Muni d'une longue liste de pièces détachées à nous livrer à Niono dans 48 heures, le Noir nous quitte. Nous ne sommes pas très rassurés. Avec le tirant de suspension qu'on lui a refilé, il a pas intérêt à jouer au rallye. Surtout qu'il emporte notre bras de suspension de compétition à réparer...

A 4 heures du matin, nous avons grignoté du bout des dents la cuisine d'Africatours. Ils restent « ouverts » jour et nuit ; c'est formidable. Je vais à Mopti faire les pleins. Je m'endors pendant que les 140 litres coulent dans le réservoir... Marc s'est glissé dans son duvet au campement, je le réveillerai en revenant juste pour le départ : il aura dormi une demi-heure. Cette étape était monstrueuse. Celle de demain sera, paraît-il encore plus dure...

12 janvier : Mopti-Gao, 810 kilomètres
Le casse-bagnole

Le jour se lève sur la brousse, dans une poussière de latérite. Un brouillard rouge, rouge comme nos yeux de lapin russe. Nous n'en pouvons plus. Personne n'en peut plus. Nous allons vers la spéciale, comme des poilus montent en première ligne, comme des moutons vers l'abattoir. Seule la dynamique des groupes nous fait avancer...

Nous avons deux heures et demie d'étape de liaison — 60 km — pour prendre ensuite au lever du jour le départ de la première spéciale de 140 km. Il faudra longer les falaises de Bandiagara en plein pays Dogon, et rouler à 10 à l'heure. La liaison qui suit comporte deux passages de frontière en Haute-Volta, 150 km d'un chemin facile à couvrir en 8 heures. Pour une fois on a trop de temps ; il faudra attendre pour pointer et faire la spéciale de 440 kilomètres en majeure partie dans l'obscurité.

Nos têtes se remettent en place doucement, doucement. Nous sommes encore en pilote automatique. « Tiens des motards qui rebroussent chemin ! On est peut-être pas sur la bonne piste ? » C'est Verley qui en a marre... Pourtant ce n'est pas un petit garçon, mais il en a marre voilà tout. Et avec lui, quelques motards abandonnent également... Le moral est à plat.

Dans un potager ravagé par les voitures et les motos, nous patientons avant le départ de la spéciale. Les motards sont déjà partis. Nous venons juste de découvrir que nos rustines ont filé entre les mains d'un garnement à Gao. On part mendier des précieuses rondelles de caoutchouc...

« J'en avais plein le cul, mais Sabine a insisté pour que je parte quand même. C'est une connerie que je fais là... » Alain Padou, le vainqueur des privés l'an dernier, attend le départ des voitures pour filer avec sa moto : « Si tu ne te sens pas en forme, surtout reste là », je ne pouvais rien lui dire d'autre...

Le rallye fait la gueule. Tous. Aussi bien les privés que les usines. Difficile pour un amateur de se faire entendre, alors nous comptons sur le pouvoir relatif des directeurs des grosses firmes Mercedes, Honda, Yamaha, ou sur l'influence des « vedettes » comme Jacky Ickx, Christine Martin, Bernard et Claude Marreau, Michel Mérel, et d'autres pour influencer Thierry Sabine. Il a les qualités d'un Napoléon, assorties de ses défauts. C'est un battant qui n'hésite pas à improviser à chaud. Mais il se défile quand ça merde, et se retranche derrière ses collaborateurs qui n'ont aucun pouvoir. Ce qui est supportable par des amateurs l'est plus difficilement par des professionnels pour qui la compétition est un métier. A part ça nous l'aimons bien quand même. Mais il y a des moments où l'on apprécierait de le voir mijoter dans la marmite d'une tribu de cannibales.

« Ce que César a fait César peut le défaire. » Aujourd'hui, pressé de toutes parts par la contestation, Thierry Sabine annonce qu'il a pris la décision unilatérale d'autoriser le pointage en avance au contrôle horaire de Djibo, en fin de liaison, et ce à partir de 13 heures. Cet arrangement — satisfaisant dans l'ensemble — implique le départ des autos et des motos mélangées. Et impose une course au contrôle, à fond la caisse, sur une piste pas facile. Mais c'est quand même un avantage.

Jusqu'à présent, notre voiture ne marche pas trop mal. Elle « porte » un peu à droite, du côté de notre suspension type « routard » ; mais elle tient le coup. Il faut quand même faire attention à ne pas taper le carter de protection. Ni trop fort, ni trop souvent. Aujourd'hui on a encore de la chance : Marc — comme d'habitude — connaît par cœur le parcours. Il trimballe à longueur d'année des touristes dans les falaises de Bandiagara.

Gigantesques falaises de Bandiagara. L'impression de monter les marches d'un escalier de géant grossièrement taillé dans le roc. Je pense aux camions qui suivent derrière : c'est tellement étroit qu'ils vont souffrir. Pas question de doubler sur la plupart de la spéciale ; ou alors en prenant des risques énormes. Les paysans dogons, coiffés de leur chapeau de paille pointu, comme le toit de paille de leurs greniers à mil, lèvent à peine les yeux sur nous.

Dur, très dur pour les motards. On en rencontre partout, occupés à bricoler. Et les accidents se succèdent. Christine Martin se casse le tibia et le péroné au ras de la cheville. A quelques instants de distance, plusieurs motards se jettent dans le même trou. Schaecht s'y casse une clavicule ; Coll les côtes ; Lubbers le poignet. Desheullcs y tombe à son tour et se relève, la clavicule démise : « Ce n'est pas la première fois que ça m'arrive, dit-il sans se troubler, les ligaments sont tellement détendus qu'elle se barre tout le temps. » Et tranquillement il repart...

Le seul à avoir la forme olympique, Jacky Ickx survole la spéciale de bout en bout. Claude Brasseur doit bien s'accrocher à ses notes car dans leur Mercedes ça remue ferme... Derrière eux, à 28 minutes, on trouve Didier Marty et Michel Cazalot sur leur Peugeot Dangel. Nos deux équipages sont les deux dernières Peugeot restant en course. Et encore grâce à l'huile de coude... Marc conduit avec prudence, comme en trial avec une moto : au lieu de passer en force ce qui casserait tout, il roule au minimum et nos roues épousent les « marches », nous rampons dans les « baignoires » au lieu d'y plonger...

« Attention, la flotte ! — Arrête de déconner ! » Coup de volant brusque sur la droite et nous évitons une mare bien boueuse et bien profonde où les indigènes nous attendent au passage en se flanquant de grandes claques sur les cuisses. On n'a pas tous les jours un pareil spectacle... Un militaire est chargé d'indiquer le bon passage pour éviter l'enlisement. Le camion d'assistance des frères Marreau suit scrupuleusement l'index du brave Noir : il s'enlise instantanément jusqu'aux moyeux... Il faudra attendre un camion venu spécialement de Ouagadougou pour extirper le véhicule...

« Bienvenue à Peugeot... Vive Peugeot... Peugeot...

Peugeot... » Y a bon Peugeot ! Lunettes cerclées d'or, chemise impeccable et plis de pantalon au petit fer, le représentant de l'importateur Peugeot en Haute-Volta n'a pas fait les choses à moitié. Les larges banderoles bleues et jaunes barrent les rues faisant pour notre moral l'effet d'un triomphe romain. Tout ça c'est pour nous les « privés ». Pour un peu on embrasserait ce monsieur. Changer de jantes, de pneus ? Miracle, c'est un mécanicien qui nous fait tout ça, pendant que l'on sirote un coca-cola bien frais... A côté de nous passe, au ralenti, le pauvre Padou ; il vient de ressouder son cadre qui s'est brisé dans la spéciale. Il en a plein le cul : « Je savais bien qu'il fallait arrêter... »

Nous repartons assez contents de nous. La voiture tient, seulement il ne faut pas trop compter sur nos phares pour la nuit. Le concessionnaire n'en avait pas.

Jacky Ickx sait bien que l'obscurité fait chuter la moyenne de moitié. Sans prendre de repos, il fonce sur Djibo au départ de la deuxième spéciale. Nous allons nous arrêter encore une fois pour changer de delco. Comme tous les jours, nous crevons plusieurs fois. A part ça, pas de problèmes si ce n'est une immense fatigue.

Nous ne bouffons plus rien. Ras le bol de ces « rations énergétiques » toujours les mêmes. Il n'y a que le quart de lait qui soit agréable dans ces boîtes à malice. Pour changer, on suçote nos pruneaux. Ils ont un goût de lessive en poudre au début, car le paquet a crevé juste dessus, mais c'est bon...

Djibo. Un grand village sur un plateau désolé,

battu par le vent, brûlé par le soleil. On peut partir quand on veut. Marc est mort de fatigue. Je déniche un seau d'eau, on se lave un peu. Et Marc s'endort. Assis à l'ombre, je regarde notre voiture : elle a vraiment une sale gueule.

De chaque côté des portières déformées on peut passer la main entièrement et tapoter sur le toit pour se dégourdir les doigts... La caisse est certainement faussée. L'amortisseur avant droit, récupéré chez nos copains de Hombori, est foutu ; il ne doit pas y avoir d'huile dedans ! Il nous reste un phare à gauche et un longue-portée à droite. Une bavette est arrachée. Le pare-brise est fendu. Et à l'intérieur toutes les garnitures, les accessoires, même la planche de bord, sont déglingués... Les jantes sont tordues. Grâce au sable, tout grince de partout. La peinture bleue complètement arrachée au niveau des bas de caisse, laisse voir la peinture blanche d'origine : on dirait un requin au ventre blanc...

Notre copain Georges Groine ne va pas bien du tout. Il grimace à la portière de son Mercedes : c'est la dysenterie. Lartigue est terrifiant, couvert de sang des pieds à la tête ! « Je saigne du nez à cause de la poussière. Même en mettant le doigt entier dans le nez je n'arrive pas à endiguer ce flot. » Il conduit d'une main, même dans les passages sinueux. Sa Range Rover est tapée de partout comme une vieille boîte de conserve.

Au contrôle de départ de Djibo un motard, à genoux dans la poussière, regard fixe, comme un automate, ou comme un fou, resserre tous ses rayons. Un par un, à l'aide d'une clef à molette... Marc se réveille. On va chercher quelques cannettes de bière au bistrot indigène et des rustines au marché... Retour au contrôle où la police retient la foule à grands coups de gourdin ! Le motard est toujours là. On lui donne une bière : il en boit la moitié et se vide le reste sur la tête... Et c'est reparti.

Il faut rouler, rouler le plus vite possible et le plus loin pour laisser le moins de chance à la nuit. Mais on sait bien que nous ne gagnerons pas plus cette course-là que l'autre... Encore une fois, Marc connaît bien le chemin. Il prend des raccourcis que nous vérifions à la boussole. Les villages sont traversés en trombe. Les indigènes nous montrent la direction en faisant des grands gestes du bras. Et la nuit nous surprend vers Hombori et ses montagnes.

Conduire la nuit dans le désert ce n'est pas un problème ; conduire la nuit dans la brousse, la rocaille, ce n'est pas un problème non plus : à condition d'être seul. C'est même plutôt amusant seul dans le désert. Comme il n'y a rien que la nuit noire, par un curieux effet d'optique on a l'impression de rouler dans un sous-bois la nuit. Mais quand deux, dix, cent concurrents grattent la même piste, c'est affreux. La poussière soulevée devient un mur opaque dressé devant le capot. La visibilité est nulle.

Le dernier tronçon vers Gao est encore plus épouvantable que tout ce que nous avons pu connaître jusqu'ici. C'est abominable, cahotique, désespérant : il n'y a pas de mots assez forts... C'est d'abord d'interminables pistes en rocailles, comme un mur de pierre écroulé. Un casse-bagnole. Ensuite on emprunte une piste en remblai dont des sections sont effondrées. Je roupille à moitié : impossible de garder longtemps les yeux ouverts. De temps en temps je m'affale sur Marc : nos casques se heurtent. Le choc me réveille quelques instants. Je n'arrive pas à me concentrer sur le road-book. Nous savons que nous sommes sur la bonne direction. Mais nous ne savons plus où nous sommes...

« Nom de Dieu ! » La voiture bascule subitement en avant ; ça râcle bruyamment sous le plancher ; un choc pas trop fort sur l'avant immobilise la voiture. La piste est au ras de ma fenêtre. La voiture est inclinée à 45°. Nous sommes tombés dans une crevasse. Brusquement sur une longueur de 2 mètres et sur toute sa largeur la piste a disparu... Une saignée bien nette comme au bulldozer. Profonde de 1 m 50. C'est de ma faute. C'est à moi de surveiller la route, de prévoir les obstacles. Mais il y a tellement de pièges dans ce coin que le road-book se contente de signaler « saignées sur 30 kilomètres ». Et puis c'est difficile de se repérer la nuit...

Le road-book a été dressé le jour. Par une équipe parfaitement compétente, c'est certain. Mais on ne voit pas les choses de la même manière le jour et la nuit comme dirait Monsieur de la Palice...

Sur les petites feuilles blanches du road-book que l'on effeuille comme un éphéméride, il y a trois colonnes. De gauche à droite : le kilométrage total depuis le début de la liaison ou de la spéciale ; le kilométrage partiel d'un repère à un autre ; et une large colonne qui comporte des commentaires et un logo qui décrivent un repère ou une difficulté. Quand on a mis le trip-master à zéro sur la ligne de départ de la liaison ou de la spéciale on peut se repérer à l'aide du kilométrage total, avec cependant une marge d'approximation car on coupe parfois l'itinéraire idéal en prenant une piste parallèle ; on peut aussi, à l'inverse, augmenter le kilométrage en prenant une piste plus longue, en faisant un détour. Avec le kilométrage partiel, quand le road-book est précis, quand les repères sont indiscutables, on peut apprécier et prévoir les grosses difficultés ou les changements de direction à cent mètres près.

La nuit, plus rien n'existe. On est totalement aveugle. Les villages, rares, ne sont que des hameaux de quelques paillottes : sans feux, sans lumières, on passe sans les voir. Il n'est plus possible d'apercevoir les repères naturels, les bosquets, les champs, les montagnes, les grandes dunes. Et sous l'éclairage rasant des phares, toute notion de relief disparaît.

Et voilà pourquoi, entre autres raisons nous sommes au fond du trou... Comment en sortir, et le plus vite possible ? Apparemment, la voiture n'a rien. Les roues arrière reposent sur la « route » ; le ventre de la voiture sur des grosses pierres ; le pare-chocs bute au fond du trou. On a déballé le cric gonflable ; on ne s'en était jamais servi, c'est le moment de voir si ça marche vraiment. On a sorti les plaques de désensablage ; elles n'ont jamais servi non plus. Ces plaques, c'est vraiment de la merde ; elles sont en plastique mal moulé et hérissées de brins de fibre de verre acérés. Il faut les prendre avec des gants, et encore...

En haussant notre malheureuse voiture par paliers successifs ; en calant avec des grosses pierres ; en finissant avec les plaques convenablement étayées on se retrouve bientôt sur une sorte de passerelle branlante. Une élingue frappée à l'avant, et il ne reste plus qu'à souhaiter qu'une âme charitable nous tire de là. Nous n'avons pas attendu longtemps. Je crois que c'étaient les frères Bacholles ; je ne m'en souviens pas bien. Dans ces occasions les échanges sont brefs ; personne n'a de temps à perdre. Dans le pinceau de ses phares le chauffeur voit votre corde, la voiture dans une situation délicate, et les signes désespérés que vous lui faites. Il s'arrête, ou il ne s'arrête pas... Il y a des fumiers partout, surtout au début du rallye. Après on est de plus en plus solidaires.

Nous sommes sortis sans problèmes. Mais ce n'est pas l'atmosphère au beau fixe. J'ai beau refaire mes calculs dans tous les sens, le résultat est le même : on est à la bourre. Sacrément à la bourre... A moins d'enclencher les réacteurs, on va être hors course. Surtout que ça ne s'arrange pas. Nous voilà dans du sable. Du vilain sable mou. Marc est épuisé, il hésite un moment entre deux passages, l'embrayage patine un peu trop : et c'est fini. Les roues patinent, l'embrayage sent le cramé. Nous sommes ensablés pour la première fois... Séances de plaques. On retombe dans le mou. Marche à pied, reconnaissance en avant : nous n'en sortirons jamais tout seuls sans y passer la nuit. Il faut refrapper l'élingue et attendre un 4 × 4. Pas longtemps. Quelques minutes plus tard les Portugais Amado et Villas-Boas, avec leur puissant U.M.M. nous tirent de là et nous déposent sur le dur. Pour les calculs de temps, il vaut mieux ne plus rien espérer. C'est la catastrophe.

Les derniers cent kilomètres sont une galère épouvantable. « Ils me font tous chier. Je reste là ! » Combien de motards ont dit ça ? Beaucoup. La piste est jalonnée de feux, allumés par des concurrents qui ont décidé de dormir sur place et d'attendre le lever du jour. Dans nos phares on voit des motos couchées par terre — même plus la force de sortir la béquille — et une forme allongée par terre, sans duvet...

Quand Marc me réveille devant le contrôle final, je tends ma carte d'un geste désabusé. On a dépassé le temps idéal de plus de 15 minutes... Il n'y a plus qu'à faire la queue derrière les autres pour prendre le bac. Demain il fera jour pour tout le monde... Et puis, nous pouvons toujours continuer dans la catégorie hors temps. Après tout, on nous a demandé d'aller à Dakar, pas de gagner le rallye.

13 janvier : Gao
Les plaies et les bosses...

Au radar, nous retrouvons le chemin de la villa de nos amis. Aussitôt Marc se jette sur un lit. Ça fait carrément quarante-huit heures qu'il est au volant ou en train de bricoler... Moi, moins usé par l'effort, je suis un peu plus frais. Il faut que j'aille « en ville » glaner un peu d'informations pour faire mon papier car à *l'Express* ils doivent commencer à se faire des cheveux. Mais je n'ai pas eu une seconde à moi depuis le départ. Ni l'esprit libre. Ni, surtout, l'envie d'écrire une ligne. Paris, c'est loin, très loin. On vit comme des fous sans penser à rien d'autre qu'à faire avancer cette foutue voiture. Nous la portons littéralement à bout de bras.

Lavé et changé, je pars en touriste vers le cerveau du rallye, son épicentre : l'hôtel de l'Atlantide. C'est là que l'on peut apprendre des choses intéressantes. C'est moins rempli qu'au premier séjour. Il y a maintenant plusieurs sortes de clientèles. Les « abandonnés » s'y refont une santé depuis deux ou trois jours en attendant de repartir sur Dakar à leur rythme. Ils affichent une mine resplendissante, tutoient en les appelant par leur prénom tous les gamins du coin. On dirait des habitués d'une station balnéaire... Et puis il y a les « survivants », comme nous. Malgré le brin de toilette, les vêtements propres, on remarque tout de suite les yeux au fond des orbites, les joues creuses, et le regard perdu dans le vague. Nous en avons « chié » ; ça se voit. On peut ajouter une troisième clientèle, les « touristes » : la presse, les courtisans (deux rôles qui se confondent parfois). Toujours propres, toujours nets, ils circulent en avion d'une étape à l'autre et rafflent systématiquement les rares chambres disponibles, tout ce qui est un peu confortable. Je sais bien que pour certains c'est l'aventure de leur vie, mais ce n'est pas ma conception du métier. En se mouillant un peu on comprend peut-être mieux ?

Nous étions 149 classés et 11 hors temps en voitures et camions ; 67 classés et 11 hors temps à moto, lors de la première arrivée à Gao. Ce matin, les feuilles de classement punaisées au mur écaillé du bar de l'Atlantide annoncent l'ampleur des dégâts : 113 classés et 8 hors temps, en voitures et camions, ce qui fait 39 concurrents sur le carreau ; 29 classés et 8 hors temps à moto. Une véritable hécatombe ; il manque 41 motos à l'appel...

Notre épave de 505 est toujours dans le coup : 43e dans la première spéciale et 55e dans la deuxième ; Nous sommes 63e au classement général... Faut pas chercher à comprendre. Les bonnes nouvelles se prennent comme elles viennent. A propos de bonnes nouvelles, Bacou est retrouvé. Le commandant Martin, Jean-François Dunac, et des touristes allemands qui avaient loué un guide touareg, sont tombés par hasard sur le motard rôtissant doucement au soleil ; par hasard, parce que leur guide s'était perdu... Par contre personne ne sait où se trouvent Mark Thatcher, Charlotte Verney, et leur mécanicien. Au 10 Downing Street, paraît-il, la « Dame de Fer » trouve que son gamin fait décidément trop de conneries... Plus tard, à la poste de Gao, en attendant que l'on raccommode la radio qui sert de ligne téléphonique avec Bamako, je surprends une conversation entre le « commandant du cercle » de Gao — le préfet — et un haut-fonctionnaire algérien : chacun assure à l'autre que les naufragés nc sont pas dans son pays. Comme ça, chacun sauve la face et trouve une bonne raison pour ne rien faire.

A propos de commandant de cercle, celui-là doit se sucrer largement sur le dos de ses administrés. Ce n'est pas avec son traitement de fonctionnaire qu'il a pu s'acheter une 505 toute neuve. Cette voiture nous nargue, là, en tournant en rond sur la place de l'Indépendance, car je suis sûr que ça doit s'appeler la place de l'Indépendance... Elle n'a pas une bosse, pas une griffure, tourne rond, luit au soleil de tous ses chromes... Je ne me souvenais plus que ça pouvait exister une voiture neuve... Je lui faucherais bien. Nous n'aurions plus de problèmes de pièces. Mais c'est difficile, c'est la seule à 500 kilomètres à la ronde.

Alors je n'hésite pas, je propose carrément au commandant : « Combien pour votre suspension avant ? On vous monte les nôtres en attendant. Et en plus Peugeot vous en expédie des neuves de France, par avion, demain matin ! » Les gens ne sont pas serviables. Il n'a pas voulu. Il s'est même fâché tout rouge en disant que je me moquais de lui. Il menaçait de me faire mettre au trou...

Alors je rentre à la villa, et réveille Marc. Notre classement lui remonte le moral, et l'on inspecte la voiture. La suspension arrière est impeccable. Les cornières soudées n'ont pas bronché. Si on avait su ça avant de partir de France on aurait tout de suite fait cette modification ; on pouvait même entretoiser à l'intérieur le bras. Comme ça ça ne se voyait pas...

Par contre, l'amortisseur avant droit, d'origine

« routarde », est aussi efficace qu'une pompe à vélo. Et puis il faut se démerder pour monter un phare supplémentaire, minimum. Il reste encore à vidanger, nettoyer, régler, et ce sera tout. On a moins de boulot que l'autre fois. Mais Marc est absolument crevé. Mais je dois faire cette cochonnerie de « papier » pour *l'Express*. Alors nous confions le travail au chef d'atelier du garage administratif de Gao et à son adjoint. Ils nous ont été chaudement recommandés par leur patron, un Hollandais somme toute sympathique.

Ils ont travaillé comme des cochons, et pire, comme des imbéciles. Au lieu de démonter l'étrier de frein ils ont débranché le tuyau de liquide : une marre par terre et le circuit vidé... Au lieu de brider les ressorts à boudin du McPherson avant de retirer l'amortisseur, ils ont tout lâché. Dans un bruit d'Apocalypse le ressort a traversé la cour. Il faudra grimper à dix sur le capot pour comprimer le ressort. Pourquoi faire simple quand on peut faire compliqué ? Ils ont mis plus de cinq heures pour une réparation que l'on expédie raisonnablement en une heure et demie. Enfin, ça a l'air d'être réparé...

Encore une fois un formidable rôti de filet de zébu exige que l'on sacrifie nos dernières bouteilles de Lambrusco ; sauf une pour Dakar ! Ce soir on va se coucher de bonne heure. Enfin Marc va se coucher de bonne heure, car je termine mon article dehors dans la chaleur de la nuit. J'entends circuler des voitures en échappement libre. C'est sûr que bien des équipages qui n'ont pas notre chance bricolent encore. Pour nous tout est paré. J'ai même réussi à joindre par téléphone l'importateur Peugeot de Bamako. Il me promet que tout ce que je demande sera apporté après-demain à Niono. Que peut-on espérer de plus ?

14 janvier : Gao-Tombouctou, 410 kilomètres
La fin des haricots...

410 kilomètres de sable mou et un tracé sinueux : la plus belle étape. Celle que l'on doit faire les doigts dans le nez. D'ailleurs, Marc y passe plusieurs fois par an avec ses Land Rover bourrées de touristes. On peut même faire carrément du hors piste si l'on n'a pas peur des épineux...

Les bagages sont chargés et notre matériel réduit au strict minimum. Pas question de s'alourdir. Vincent ouvre les portes de la rue. Contact, marche arrière : « Il n'y a plus de freins ! » Hier soir les Africains, qui visiblement en avaient par-dessus la tête de bosser pour nous, ont bâclé le boulot. Et je n'ai pas pensé à vérifier avant de les lâcher dans la nature. Il faut ressortir les outils, et purger.

En roulant vers la ligne de départ à 500 mètres de la villa, on entend un drôle de bruit à l'avant, du côté de l'amortisseur « réparé ». Mal serré, ou pas serré du tout, il est sorti de son logement. Nous nous présentons au départ quand même, dans une ambiance un peu tendue : « C'est ta faute ! — Non, c'est la tienne ! » On se calme vite...

Le temps de prendre notre feuille de route et nous

nous garons à 100 mètres de la ligne de départ, sous un arbre, car le soleil cogne déjà dur. Notre Hollandais, prévenu par Vincent revient avec deux autres mécaniciens pas beaucoup plus compétents et nous sommes bien obligés de nous y mettre...

Les unes après les autres, les voitures quittent Gao et nous dépassent. Et puis les organisateurs démontent la table. Puis la voiture du commissaire s'en va. Et passe le camion balais, sur lequel trône Alain Padou, pour qui la course est finie depuis deux jours. Et finalement nous partons quand même, avec presque deux heures de retard...

Impossible de faire de la vitesse. L'amortisseur bat terriblement et perd son huile. Il talonne très vite. De plus en plus souvent le carter de protection du moteur tape sur des pierres. Nous savons déjà que nous arriverons hors temps à Tombouctou. Mais il faut arriver.

Un choc plus dur que les autres et presque instantanément le moteur émet un cliquetis caractéristique : une bielle qui « tape ». Contact coupé immédiatement. Il faut ouvrir pour regarder. Ce n'est pas notre jour de chance...

A quatre pattes sous la voiture nous comprenons tout de suite. Notre mauvaise suspension et le carter de protection — une plaque de blindage épaisse d'un centimètre — mal conçu, sont la cause de tout. A force de taper, taper depuis le début du rallye, la plaque de blindage courbe tend à se rapprocher du carter moteur. Elle n'est malheureusement pas bridée longitudinalement. C'est très bien pour le Rallye de l'Acropole ou le Rallye de Monte-Carlo, mais le Paris-Dakar c'est cinquante rallyes européens en une seule fois. Sur notre bosse plus grosse que les autres le blindage a appuyé sur le carter d'huile qui a bouché la crépine de la pompe. Comme nous roulions dans le sable mou, en plein midi, le moteur était bouillant et les bielles ont coulé instantanément : le voyant de pression d'huile n'a même pas eu le temps de s'allumer...

C'est mal parti... Nous sommes seuls en plein désert et à mi-chemin de Gao et Tombouctou. C'est le jour de la fête du Prophète, donc pas question de trouver un camion pour nous ramener. Une voiture dans le lointain venant de Gao, c'est la Range Rover de Philippe Tiercin de *Moto Revue* et son ami Lemarchand. Ils ne peuvent pas grand chose pour nous. Eux sont hors temps, hors course et terminent tranquillement...

Philippe et son copain ont encore une petite réserve de vin rouge : ça fait du bien par où ça passe. Ils nous donnent une cartouche d'un additif pour lubrifiant, je ne sais plus quelle marque. Nous savons bien que jamais un liquide ne peut remplacer un solide, mais ça ne peut pas faire de mal au point où l'on en est. Ils repartent...

Nous serrons les derniers boulons quand une voiture de l'assistance médicale s'arrête à son tour. Il n'a plus de radio et sa transmission déconne, il ne lui reste que deux roues motrices... Il file lui aussi. Et bientôt nous en faisons autant.

La bielle tape. Mais en conduisant avec un pied

ultra léger on doit pouvoir arriver au bout de l'étape, et là, peut-être se dépanner...

Nous allons crever plusieurs fois. Et avancer notre petit bonhomme de chemin. Toujours en hors piste pour ne pas fatiguer trop la suspension quand c'est trop défoncé. Et puis c'est la nuit.

Nous n'avons pas beaucoup de lumière. Et ce n'est pas le phare orientable de Rancho monté sur le pare-chocs qui remplace nos deux phares cassés. Un moment j'oublie de noter mentalement de quel côté nous avons quitté la piste. Avec la boussole, et la lune, se souvenir de quel côté la voiture a quitté la piste permet en cas de doutes de recouper au moins la piste que l'on a quittée. On tourne sans fin dans une petite « forêt » d'arbrisseaux.

« Tiens des traces de voitures », nous les suivons et retombons peu après sur deux traces. C'est bon ! Non, ce n'est pas bon du tout. Nous sommes tout simplement en train de rééditer l'histoire des deux Dupont, en jeep, dans « Au pays de l'or noir ». Nous tournons en rond sur nos propres traces.

Nous allons nous remettre dans le bon chemin sans trop de problèmes. Avec une boussole on peut toujours s'en sortir. Quand je pense que de nombreux concurrents ne savaient même pas s'en servir... Deux d'entre eux, sur le bateau, m'ont demandé comment on prenait un cap.

On continue, de nuit dans la végétation. Hors piste, hors piste, toujours, et l'on se perd encore. Un feu sur la droite ; nous nous dirigeons sur lui. Des chiens aboient. Ce sont des bergers peuls. L'un d'eux s'avance. Il fait au moins deux mètres. Dans la lumière de nos phares, avec son chèche traversé par deux yeux blancs, son boubou flottant et sa canne de pasteur il a l'air d'une formidable apparition biblique. « Tombouctou ? Tombouctou ? ». Il ne parle pas français, pas un seul mot. Je ne peux rien lui dire d'autre. Il nous montre la direction et finalement monte dans la voiture. Il nous remet sur la piste principale, assez loin de chez lui, et descend avec un grand sourire. Merci mon vieux, c'était sympa de nous avoir tiré de là.

Quand nous arrivons à Tombouctou, la ville est pratiquement endormie. Le veilleur de nuit, ou plutôt le factionnaire de la popote puise pour nous dans la marmite norvégienne. C'est encore chaud. C'est bon, mais nous avons l'estomac serré.

Marc file dans Tombouctou. Je reste là pour tenter de voir sur place ce que l'on peut faire. L'assistance des Peugeot Dangel n'a pas de coussinets de bielles. Le parc est pratiquement désert. Tout le monde dort sauf chez les équipes d'usine où les mécanos bossent comme des fous. Et du côté des frères Marreau.

Bernard et Claude Marreau, les mains dans les entrailles de leur Renault 20 turbo, enlèvent leur moteur. Il leur est arrivé la même chose qu'à nous : crépine de pompe à huile enfoncée. C'est d'autant plus surprenant que le même incident s'était produit l'année précédente, et au même endroit... Ils vont monter à la place le moteur de leur deuxième voiture qui joue le rôle d'assistance légère.

Jacky Ickx a encore gagné l'étape aujourd'hui. Nos amis en Peugeot Dangel sont toujours dans la course. Le buggy de Cotel a cassé sa fusée et les Japonais prennent maintenant la tête des deux roues motrices. Si nous n'avions pas eu ce problème de pompe à huile, si l'amortisseur, si, si... Nous serions deuxièmes des deux roues motrices.

Je pars à la recherche de Marc. Un Noir pas sympathique, à la tête de boxeur m'a assuré que l'on pouvait trouver je ne sais où un moteur de 504, puis après qu'un de ses amis possède un jeu de coussinets « comme neufs ». Nous sillonnons les rues désertes de Tombouctou, frappons à des portes, réveillons des gens... Nous ne trouverons rien. Alors le mieux est d'aller se coucher. J'entends quelqu'un dire que l'on a enfin retrouvé Mark Thatcher et Charlotte Verney. Je m'en fous : j'ai même pas pu rendre mon carton, le contrôleur a fermé boutique longtemps avant notre arrivée.

15 janvier : Tombouctou-Niono
Nous aboyons, la caravane passe...

Nous voilà de nouveau sur la ligne de départ. Dans la catégorie des hors temps. A la queue, les derniers... Marc a choisi de continuer. Moi, je ne voulais pas. Je suis monté à contrecœur, ne voulant pas rester piégé sur la piste car je dois quand même faire mon papier à l'heure et il ne me reste pas beaucoup de temps. Bloqué en rase campagne je ne trouverais pas beaucoup de téléphones dans les sables brûlants du Sahel.

L'ambiance n'est pas tout à fait au beau fixe, juste un peu tendue. Mais il a été convenu que je sautais dans la première voiture qui voudrait bien de moi si la 505 tombe en panne.

Le moteur marche moins bien qu'hier. La bielle tape violemment. Le moteur chauffe. Et puis, à une soixantaine de kilomètres de Tombouctou c'est enfin la panne définitive. Un atroce bruit de mitrailleuse qui monte du bas moteur. Le rallye s'arrête ici pour nous. Le camion balai prend la 505 en remorque. Au moins essayer de la mettre à l'abri dans un village car nous avons la ferme intention de venir la chercher un jour ou l'autre...

Nous comprenons vite qu'il est vain d'espérer gagner Niono en remorque. La chaîne casse, la voiture balaye toute la piste et le camion benne n'avance pas. Nous allons laisser la 505 aux bons soins des gendarmes d'un minuscule patelin près de Niafounké. Elle est pleine de tout notre matériel. Nous embarquons juste nos duvets et nos affaires les plus précieuses. Le reste est confié au sort. Eh bien, miraculeusement, quand deux mois plus tard Marc ira récupérer notre épave, tout sera intact.

Nous avons un poids en moins sur le cœur : c'est fini. Nous ne sommes même pas amers. Nous sommes délivrés, soulagés. Et nous nous installons au fond de cette benne bourrée de motos et de pièces récupérées sur la piste. Nous allons dormir de 2 heures de l'après-midi à 7 heures du matin. Et ouvrir l'œil sur la grande place de Niono.

C'est notre dernier café au camion Africatours. Il a pour nous un goût amer. Maintenant on ne se bouscule plus. Il ne reste plus grand monde...

L'étape qui nous a été fatale a fait des ravages, pas pour les mêmes raisons, chez les motards. Le camion chargé de les ravitailler avec du carburant amené de Niafounké transportait en fait une indéfinissable bibine. Cette « crise du pétrole » touche Rigoni, Desheulles et Mérel, qui cassent leurs moteurs plusieurs fois. Vassard, Mingels, Albaret et Verhaeghe terminent en rendant la main.

Le camion ACMAT engagé par la sécurité civile s'est retourné pas très loin de Tombouctou. Nous l'avons vu hier en passant. Pas vraiment frais. Il est bourré de pièces de motos dont le moteur de Marc Joineau. Premier pilote privé dans l'étape de Tombouctou, il attend cinq heures le camion qui a repris la route en brinquebalant. Joineau pointe après la fermeture du contrôle de Niono. On lui colle le temps du dernier auquel on ajoute les quinze heures, cela fait un temps de vingt-six heures vingt-cinq minutes. A titre d'information, le vainqueur de l'étape à moto, Cyril Neveu, a parcouru le trajet en six heures quarante-trois minutes...

Les frères Marreau, dont la voiture est presque en pleine forme depuis la réparation de Tombouctou, conservent cinquante minutes d'avance. La 504 Dangel de Marty et Cazalot a explosé son pont arrière ; il tient jusqu'à Niono avec un emplâtre fait de démonte-pneus. Jacky Ickx et Claude Brasseur remontent encore des places au classement, mais toutes chances de victoire sont envolées.

Niono est une ville étonnante. Les jardins et les rizières bien irriguées, les petits canaux sont un des moments de charme du rallye. D'autant plus que les habitants sont plus avenants et aussi plus discrets que ceux de Gao ou de Tombouctou.

Le contrôle est placé à côté d'une petite écluse sous laquelle un tuyau d'écoulement débite une eau claire. C'est une douche très appréciée. Les concurrents s'y jettent avec délice sous l'œil amusé des laveurs de linge. Fiers comme des horse-guards dans leurs treillis neufs, les policiers font reculer la foule à coup de sifflet et de baguettes cinglantes.

La nuit s'est passée en longues séances de mécanique, nous expliquent Didier Marty et Michel Cazalot. A côté de leur 504 Dangel, une 504 bâchée appartenant au représentant local de Texaco gît sur deux grosses pierres. Son pont arrière a été greffé sur la Dangel. Nous retrouvons Bourgeau, l'un des gars de Peugeot-Mali, et ses deux mécaniciens. Malgré mon coup de téléphone depuis Tombouctou — un exploit de pouvoir tomber au jour et au moment où ça marche — il n'a pas amené de coussinets de 505, alors nous n'avons rien à regretter. De toute façon c'était pratiquement fichu.

Bourgeau va nous ramener à Bamako. Nous ne sommes même pas tristes de quitter le rallye. C'est fini, c'est fini. Il faut penser aux choses urgentes : gagner le plus rapidement Bamako et ce qui ressemble le plus à la civilisation. Là, on avisera...

Le soir même, nous étions vers 6 heures à Bamako. Marc y est resté, il est chez lui... J'ai attrapé l'avion de Dakar ; couché le soir même dans cette ville. Et j'ai volé vers Paris. Dimanche soir, par un froid de canard, le taxi me dépose devant *l'Express.*

La suite de l'histoire m'a été racontée par mes confrères d'*Auto Verte* et de *Moto Revue,* et par les acteurs. Et puis je connais quand même le décor...

***

5 janvier : Niono-Nioro
Encore plus dur que tout...

Le visage marqué par l'effort, la démarche mal assurée, les concurrents s'extirpent de leur voiture et se dirigent vers la baraque qui sert de « bar-restaurant » sur l'aéroport de Nioro. Comme toujours, les motards sont déjà écroulés par terre, assommés de fatigue.

Michel Mérel s'accroche avec Mingels : carter crevé... Il commence alors une réparation « à l'africaine ». Le trou est bouché avec un morceau d'aluminium déchiré sur un paquet de biscuit ; maintenu en place par un bout de chambre à air, l'étanchéité est assurée par du scotch américain. Le motard file vers le premier village, achète les six bidons d'huile qui s'y trouvent. Il s'attache les bidons autour du ventre comme une ceinture de sauvetage et reprend la route en maintenant son calfatage de la pointe de la botte. Il faut s'arrêter tous les trente kilomètres pour refaire le niveau, mais au moins ça roule.

Le problème du passage du contrôle de Tombouctou pris à l'envers est toujours en suspens : quelle peine infliger à l'équipe Honda ? Dix-huit heures, c'est absolument idiot. C'est absurde. Certains demandent l'application pure et simple du règlement. D'autres prêchent pour le pardon. Selon que l'on est concerné ou non, chacun voit midi à sa porte... Le « chef suprême » rend son verdict : « Vassard, Rigoni, Albaret, Kirkpatrick et Spira sont forfaitairement (et arbitrairement) crédités du temps du dernier de l'étape. » C'est une décision qui ne satisfait personne. Le classement moto est bouleversé : Mingels (Yamaha) est en tête avec une heure et demie d'avance sur Neveu (Honda).

La piste aujourd'hui a été infernale. Une première partie rectiligne, d'abord, qui court le long des canaux d'irrigation, bourrée de nombreux pièges : saignées, petits ponts étroits et virages brusques à 90°. Les nombreux changements de direction en ont égaré plus d'un. Ensuite, après un petit village les rizières cèdent la place à une savane clairsemée d'arbres sillonnée par des dizaines de pistes parallèles. On dirait les voies d'une gare de triage... Un coup de poker à chaque embranchement : « A droite ? A gauche ? » Il faut conduire dans une poussière opaque et collante qui irrite les yeux, emplit les bronches.

« J'appellerai ça une mauvaise journée... » dit avec

flegme et componction le toujours tiré à quatre épingles Jacky Ickx. « C'est la galère... » renchérit Claude Brasseur. Les ornières de sable sont trop larges pour le Mercedes, Ickx avoue ne pas sentir sa voiture et mal conduire ; Brasseur a du mal avec la navigation. Ils crèvent plusieurs fois, et pour couronner le tout, s'encastrent violemment dans la Range Rover de Lartigue. Ce dernier est bloqué en équilibre sur une ornière... Sous le choc, une courroie du Mercedes casse. C'est difficile et long à remonter...

Mauvaise journée pour Martine de Cortanze : elle casse une poulie. « On a supplié un concurrent en Lada de ne pas nous laisser dans le village où nous étions bloqués. Nous avions peur de la foule qui s'agglutinait autour de nous ! » Ce concurrent — privé —, en Lada, est un salaud : hors course depuis longtemps, il avait pourtant été dépanné en Algérie par l'assistance officielle qui lui avait passé gentiment un pont. Il y a comme ça dans le Paris-Dakar des gens qui n'ont pas grand-chose à y faire...

D'après les concurrents le road-book commence à divaguer. Tout le monde se perd plus ou moins dans cette étape. Même les frères Marreau. Il y a heureusement de nombreux villages, et les habitants un peu effrayés voient débarquer chez eux une bande d'excités qui ne connaissent qu'un seul mot : « Nioro ? »

17 janvier : Nioro-Kidira, 380 kilomètres
Tenir, tenir à tout prix...

8 heures du matin à Nioro du Sahel. Mingels s'envole le premier. Dans sa poussière encore suspendue dans l'air déjà sec et chaud, Neveu, Vassard et les autres décollent à leur tour. Un début de course très rapide. A 100, peut-être 110 km/h, Mingels prend une gamelle incroyable dans une énorme cuvette. Neveu, Vassard et Mérel le trouvent, inerte, loin de sa moto. Il a la tête dans le sable. Tous les motards s'arrêtent. C'est grave : Jean-Paul respire difficilement et personne n'ose le déplacer. Mérel lui ôte ses lunettes et place son chèche sous la figure pour l'empêcher de respirer du sable. Mingels sera rapatrié dans la journée avec un traumatisme crânien et de sévères contusions. Neveu, sur Honda est maintenant largement en tête.

La piste, comme toujours, était infernale : dure, défoncée, sinueuse et caillouteuse jusqu'à Kayes. Le fleuve y est traversé en neutralisation, sous les yeux de toute la ville. Une nouvelle spéciale commence dès la sortie de la ville. Pendant un moment le rallye suit la voie ferrée qui relie Bamako à Dakar.

Ce chemin de fer qui ressemble en plus moderne à celui de Tintin au Congo transporte des voitures du rallye. Celles des malchanceux qui doivent à tout prix rejoindre Dakar avant que le bateau ne parte pour la France...

Ce train fantaisiste a fourni de nombreuses anecdotes désopilantes depuis quatre ans que le rallye l'emprunte. Il faut se livrer à un marchandage, à de longs palabres, avant de pouvoir obtenir un tarif acceptable à la gare de Bamako. Il faut encore se trouver une place en dénichant un wagon plat pas trop pourri. Et accepter de vivre dans sa voiture pendant tout le trajet afin de décourager les récupérateurs de pièces détachées. Il n'y a pas d'horaires : « Patron tu sais, le train ça va ça vient ! »

Perchées sur les wagons, des grappes de clients qui n'ont pas trouvé de place à l'intérieur font bonne figure. Heureusement il n'y a pas de tunnel. De temps en temps le train s'arrête inexplicablement en rase campagne. Il n'y a pas de case, pas de village à l'horizon, seul un gamin est assis. Il parle avec le chef du train et s'enfonce dans la brousse. Il part chercher Dialo, Diop ou Moussa qui savent qu'il vaut mieux faire attendre le train que de l'attendre. On peut ainsi passer une demi-journée en plein soleil...

Il faut emmener des provisions. Mais dans les villages un peu importants on trouve de la nourriture locale. Un petit singe boucané au feu de bois. On en découpe des morceaux au fur et à mesure ; les petits doigts des mains et des pieds sont paraît-il délicieux. On propose aussi un étrange saucisson sec à écailles : du serpent séché... Des fruits, des bananes vertes...

Cent kilomètres le long de la voie ferrée, avec les poteaux télégraphiques pour repères. De trou de fesh-fesh en trou de fesh-fesh le rallye atteint un autre fleuve, le Falémé, affluent du Sénégal. On le passe à gué, après le contrôle horaire. Ce fleuve marque la frontière entre le Mali et le Sénégal. Sénégal, capitale Dakar : ça sent l'écurie...

« Pour nous c'est fini, ça fait deux cents kilomètres que nous n'avons plus de boîte de vitesses. Comme il nous faut dix heures pour tomber le moteur et la boîte, réparer et remonter... » Michel Cazalot raconte ses malheurs avec l'accent de Toulouse. C'était la dernière Peugeot Dangel, la dernière Peugeot tout court, en course... Si seulement on avait donné à ces surdoués de la piste une assistance à la mesure de leurs possibilités. Quand une marque qui détient pourtant des moyens considérables fait les choses à moitié, avec l'inertie de la Sécurité sociale, et passe si près de la victoire, il n'y a qu'à hausser les épaules.

« T'as vu la super équipe, super assistée ? » lance Bernard Marreau environné d'étincelles. Claude tient une rondelle dans une grosse pince. Elle a une drôle de tête cette rondelle forgée par l'artisan du coin... Privés de leur assistance depuis le départ de Gao, « Jésus-Christ et le professeur Tournesol » portent maintenant leur voiture comme un sac à dos.

Les villageois, musulmans, s'étonnent de la nudité des « toubabous » qui se baignent au gué de Kidira. L'exposition du corps dénudé est pour eux d'une pornographie abominable. Ceux qui ne font pas de mécanique sirotent une bière, un jus de fruit au bar de l'aéroport. Tout en plumant ses poulets, le patron écoute de la musique africaine en 78 tours. Le reggae, à côté de ça, c'est de la merde.

18 janvier : Kidira-Koungheul, 381 kilomètres
La course est jouée

Jaune, dans son cuir jaune. Drapeau blanc — virant au gris — avec le rond rouge, cousu sur le sac à dos, le Japonais Kazama Shinji toujours souriant n'a connu aucun problème depuis Paris. Il ne parle pas français, il ne parle pas anglais. Discret, étonnant, ce type a suivi son petit bonhomme de chemin jusqu'au bout. Aujourd'hui il a ouvert son pneu avant. Des motards en parlent à Jean-Claude Olivier, le patron de Sonauto-Yamaha qui lui offre un pneu. C'est gentil, Shinji roule en Suzuki !

A deux jours de l'arrivée, la course est pratiquement jouée. C'est la dernière étape avant la mer, deux cents kilomètres de liaison jusqu'à Tambacounda, et puis la spéciale du jour : 132 kilomètres. D'un village à l'autre il ne s'agit pas de se perdre. Pendant de longs kilomètres la piste serpente dans une forêt surprenante de verdure : « On se serait cru en France », racontent les pilotes. On file sur la fin vers Koumpentoum par une large piste roulante, semée de méchants trous.

Mérel est parti en tête sur sa Yamaha. Il roule vite, mais ouvre la piste... et cherche la bonne route pour les autres. A chaque hésitation sa belle avance disparaît, ses copains le rattrapent. Et finalement, Mérel s'égare à 20 kilomètres de la fin...

Ickx et Brasseur se sont encore perdus. Jaussaud « pour éviter un arbre qui marchait trop vite sur la piste » a défoncé sa voiture sur une souche.

« Je suis crevé. Je roule en guettant le moindre bruit. J'ai des yeux et des oreilles partout... » Hérissés comme des oursins, tendus comme des arcs, les concurrents envisagent avec anxiété la fin de l'avant-dernière étape : « Et si on cassait demain ? »

19 janvier : Koungheul-Tiougoune, 316 kilomètres
Dis, c'est loin la mer ?

Jusqu'à la plage de Tiougoune, il ne reste que 316 « petits » kilomètres. Une promenade, par rapport aux longues spéciales sahariennes de plus de 800 kilomètres ? Voire... Les surprises guettent les concurrents à chaque tour de roue. Il y a d'abord 170 kilomètres de liaison et les 86 kilomètres de la spéciale Dara-Louga qui retrouve la voie ferré. Et pour terminer, 60 kilomètres de bitume pour rejoindre la mer.

Jusqu'à Dara il est difficile de rouler, surtout en voiture sur une piste prévue pour les piétons, les ânes et les chameaux... Haug et Peschel, les Allemands en side-car sont fous de joie : ils seront les premiers depuis que la course existe à faire rouler un attelage de Paris jusqu'à Dakar... Excès de bonne humeur ? Ils s'offrent un splendide tonneau avant d'arriver à Louga. Mais ils continuent...

Les vautours confortablement installés dans les baobabs — ces arbres invraisemblables en forme de bouteilles de Badoit — lorgnent la feuille de pointage par-dessus l'épaule du chronométreur. En tendant sa feuille, Bernard Marreau murmure dans sa barbiche :

« Cette fois, je crois que ça y est... » Un concurrent arrive et lance à la cantonade : « Metge est en rade à vingt bornes de là. » Assis sur le capot, Metge et Giroux trouvent encore le courage de sourire en regardant passer les autres. Sous leur voiture, une large flaque d'huile noire absorbée par les sables, dans laquelle tombent les dernières gouttes : bielle coulée et carter défoncé.

Il suffit de passer la dune et l'Atlantique est là, avec son sable blanc, ses cocotiers et les splendides femmes noires qui portent sur la tête des plateaux de fruits. Les rescapés du rallye sont des naufragés de la terre qui accueillent ce rivage à genoux comme dans l'île mystérieuse ou Robinson Crusoé.

C'est virtuellement fini. Les sponsors sont là. Les femmes de certains concurrents sont également là, en escarpins vernis dans le sable. On tire les fusées de secours dont on n'a pas eu l'occasion de se servir. On se baigne, on s'endort... avec non plus du sable entre les dents, mais du sel sur les lèvres.

20 janvier : Tiougoune-Dakar, 110 kilomètres
Au bout de la plage, la victoire !

C'est la dernière ligne droite avant le poteau d'arrivée. Le long des cocotiers, de la mer — ce sont les grandes marées et l'amplitude est de moins de 1 mètre — rouler devient du canotage. On passe devant des villages de pêcheurs avec des longues pirogues échouées sur le sable. C'est une carte postale de vacances.

Les couteaux sont enfin laissés au vestiaire. Les frères Marreau proposent une arrivée originale : les quatre premiers groupés. A part un gros pépin de dernière minute, les places sont jouées. Spontanément, Briavoine et Deliaire, Jaussaud et Brière, Lartigue et Destaillat acceptent. C'est une arrivée qui aura du panache : ils s'attendront quoi qu'il arrive. Seuls Ickx et Brasseur annoncent qu'ils se battront pour le scratch. Aucune inquiétude pour Lartigue et Destaillats qui ont deux heures d'avance sur eux.

Les frères Marreau s'arrêtent : il n'y a plus personne derrière. Jaussaud arrive : « Briavoine est en rade. Moteur noyé par une vague. Qu'est-ce que je fais ? Est-ce que Lartigue va jouer le jeu ? » La réponse arrive immédiatement : le Range Rover s'arrête derrière et attend. Alors, Jaussaud fait demi-tour et ramène Briavoine au pare-chocs.

Jaussaud est un type formidable. Tout au long du rallye il a rendu service à tout le monde. Et cette arrivée est lourde de symbole : il aurait pu profiter de l'incident pour ravir la place de Briavoine. Et, profitant du demi-tour de Jaussaud, Lartigue pouvait très bien lui piquer les 8 minutes qui lui manquaient. Debussy et Bertrane perdent leur cinquième place dans un incendie. Et Courtois-Cazalières emportés par leur enthousiasme franchissent la ligne d'arrivée sur le toit.

Comme une parade des motards de la Garde républicaine, les quatre Honda officielles franchissent l'arrivée en formation. En tête, Cyril Neveu brandit un immense drapeau sénégalais, et ses trois compagnons agitent des fanions Honda.

Tout le monde grimpe sur la Renault 20 des frères Marreau. Au bout de la plage... la fête. Le champagne coule à flots : le désert ça donne soif.

CLASSEMENT GENERAL 1982

CLASSEMENT GENERAL
AUTOS-CAMIONS

Départ : 235 voitures et 23 camions
Arrivée : 73 voitures (+ 11 hors temps)
et 3 camions (+ 6 hors temps)

1. Marreau	(R 20 Turbo)	27 h 44 mn 55 s
2. Briavoine-Deliaire	(Lada Niva)	29 h 03 mn 52 s
3. Jaussaud-Brière	(280 GE)	29 h 27 mn 41 s
4. Lartigue-Destaillats	(Range Rover)	29 h 36 mn 21 s
5. Ickx-Brasseur	(280 GE)	31 h 18 mn 59 s
6. Debussy-Bertranne	(280 GE)	31 h 27 mn 47 s
7. Zaniroli-Lemoyne	(Range Rover)	33 h 17 mn 14 s
8. Simbille-Simbille	(280 GE)	34 h 02 mn 26 s
9. Schachenmann-Pouget	(Toyota Hi-Lux)	35 h 13 mn 45 s
10. Planson-Berry	(280 GE)	35 h 40 mn 43 s
11. Simon-Baldi	(Range Rover)	36 h 41 mn 33 s
12. Deleforterie-Deleforterie (1er Diesel)	(Toyota Turbo)	37 h 29 mn 03 s
13. Le Gluher-Terrien	(Range Rover)	37 h 42 mn 37 s
14. Courtois-Cazalière	(280 GE)	38 h 11 mn 55 s
15. Migault-Migault	(280 GE)	38 h 21 mn 52 s
16. Costa-Emptas	(Range Rover)	38 h 22 mn 05 s
17. Vails-Chanteux	(R 20 Turbo)	39 h 34 mn 27 s
18. De Paoli-Lavagnat-Bonesch	(Range Rover)	39 h 45 mn 10 s
19. Tocci-Fucci	(Campagnola)	40 h 09 mn 52 s
20. Tcherniavsky-Lassée	(VW Iltis)	40 h 10 mn 38 s
21. Hacquin-Lacomblez	(Range Rover)	41 h 14 mn 06 s

22. Bosteels-Vaneslande	(Toyota HJ 45)	41 h 44 mn 56 s
23. Volabel-Da Silva	(280 GE)	42 h 13 mn 31 s
24. Buga-Trenoy	(280 GE)	42 h 30 mn 28 s
25. Barruel-Magne	(300 GE)	42 h 51 mn 13 s
26. Lebiet-Bouchou	(280 GE)	43 h 12 mn 16 s
27. Rigal-Rochette	(Range Rover)	43 h 52 mn 05 s
28. Martin-Dumont	(300 GD)	44 h 19 mn 01 s
29. Vasseur-Derbois	(Toyota FJ 45)	45 h 30 mn 03 s
30. Neveu-Texeira	(Range Rover)	45 h 47 mn 45 s
31. Andreoli-Jaxel	(Toyota FJ 45)	45 h 51 mn 32 s
32. Pitout-Snoeck	(Range Rover)	46 h 43 mn 40 s
33. Rocques-Bousquet	(Toyota FJ 45)	47 h 23 mn 53 s
34. Kubota-Uchida (1er Deux roues motrices)	(Toyota Carina)	48 h 23 mn 12 s
35. Sacy-Caron (Coupe des Dames)	(Range Rover)	48 h 55 mn 45 s
36. Fernandez-Tezekdjian	(Range Rover)	48 h 56 mn 56 s
37. Vermeesch-Castelein-Delfe	(300 GD)	49 h 16 mn 16 s
38. Groine-de Saulieu-Malfériol (1er Camion)	(M. U 1700 L)	50 h 16 mn 51 s
39. Arnoux-Geay	(Buggy VW)	50 h 36 mn 51 s
40. Robert-Boutonnet	(Range Rover)	50 h 58 mn 43 s
41. De Montcorgé-Pelletier	(280 GE)	51 h 50 mn 57 s
42. Gilfriche-Gazel	(VW Iltis)	52 h 02 mn 59 s
43. Eiras-Chambert	(Toyota Hi-Lux)	52 h 28 mn 34 s
44. Cazenave-Mah-Gauthier	(Toyota HJ 45)	52 h 44 mn 51 s
45. Megre-José-Romao	(UMM)	52 h 55 mn 11 s
46. Cortez-Miranda	(UMM)	53 h 06 mn 12 s
47. Wambergue-Bacholle-Bacholle	(Pinzgauer)	53 h 17 mn 40 s
48. Cotel-Corbetta	(PRV Buggy)	54 h 22 mn 44 s
49. Marty-Cazalot	(Dangel 504)	54 h 23 mn 19 s
50. Lestrade-Dudebat	(Toyota Hi-Lux)	54 h 49 mn 10 s
51. Vermer-Lambot	(300 GD)	56 h 38 mn 46 s
52. Missiliez-Gros	(Daihatsu)	56 h 48 mn 01 s
53. Martin-Six	(Toyota BJ 43)	57 h 15 mn 17 s
54. Mondron-Eyckmans	(300 GD)	57 h 40 mn 22 s
55. Bard-Pascal	(Toyota Hi-Lux)	58 h 56 mn 11 s

56. Laleu-Langlois	(M. U 1300 L)	58 h 57 mn 44 s
57. Chevallier-Bonvallet	(Pinzgauer)	60 h 19 mn 33 s
58. Hugueny-Cardinal-Gaeremi	(Toyota FJ 45)	61 h 18 mn 11 s
59. Borsu-Van Tichelen	(Toyota Hi-Lux)	62 h 49 mn 02 s
60. Ravez-Platel	(Range Rover)	62 h 56 mn 44 s
61. Puytorac-Freyne-Dupouy	(Toyota BJ 43)	63 h 28 mn 30 s
62. Kerc-Ydraud	(Range Rover)	64 h 16 mn 00 s
63. Levaufre-Joseph	(Toyota Hi-Lux)	64 h 38 mn 00 s
64. Bosteels-Ver-Delaplanche	(Toyota HJ 45)	64 h 41 mn 41 s
65. Clatot-Chatard	(Pinzgauer)	65 h 11 mn 09 s
66. Ecuyer-Sutter	(Daihatsu)	65 h 21 mn 12 s
67. De Rooy-Straetmans	(Daf NNT 2800)	65 h 25 mn 05 s
68. Brière-Morault	(300 GD)	65 h 54 mn 30 s
69. Michel-Lypd-Pécriaux	(Toyota BJ 40)	66 h 17 mn 16 s
70. Goutaland-Vacher-Sagon	(300 GD)	66 h 23 mn 21 s
71. Delobel-Jallon-Rollet	(Toyota BJ 40)	66 h 45 mn 25 s
72. Nemoto-Matsumae-Batifoulier	(Toyota HJ 60)	66 h 46 mn 14 s
73. Sellier-Ganebien	(Pinzgauer)	67 h 32 mn 41 s

Hors Temps

74. Champart-Charuit	(300 GD)	67 h 45 mn 41 s
75. Fondrillon-Poupet	(Toyota Hi-Lux)	73 h 31 mn 12 s
76. Blanc-Blanc	(Range Rover)	75 h 20 mn 17 s
77. Barral-Cœuret	(Pinzgauer)	77 h 25 mn 34 s
78. Hervé-Garcia	(Acmat Vlra)	77 h 35 mn 41 s
79. Laurillard-Chery	(Range Rover)	78 h 08 mn 29 s
80. Buesrel-Chardronnet	(Toyota FJ 40)	81 h 14 mn 05 s
81. Gautier-Lille	(Land Rover)	84 h 17 mn 20 s
82. Rival de Rou-Victouron	(Toyota BJ 46)	89 h 03 mn 14 s
83. Lepeltier-Meullenet	(Pinzgauer)	89 h 53 mn 45 s
84. Martinez-Oligo	(M U 1300 L)	90 h 34 mn 27 s
85. Refuveille-Denarnaud	(Toyota)	106 h 43 mn 27 s
86. Avoyne-Landais	(Leyland Mar)	108 h 40 mn 50 s

CLASSEMENT GENERAL MOTOS

Départ : 132 motos

Arrivée : 29 motos (+ 4 hors temps)

1. Neveu Cyril	(Hond. 550 XR)	69 h 56 mn 35 s
2. Vassard Philippe	(Hond. 550 XR)	72 h 30 mn 07 s
3. Verhaeghe	(Barigo 500)	74 h 08 mn 19 s
4. Albaret	(Yam. XT 500)	74 h 21 mn 14 s
5. Mérel Michel	(Yam. XT 550)	75 h 20 mn 37 s
6. Chabanette	(HVA WR 249)	77 h 56 mn 23 s
7. Rigoni	(Hond. 550 XR)	79 h 06 mn 52 s
8. Charbonnier	(HVA) 250)	80 h 33 mn 22 s
9. Boissonade	(HVA 250)	83 h 27 mn 23 s
10. Kirkpatrick	(Yam. XT 500)	83 h 53 mn 32 s
11. Barat	(Hond. XR 500)	84 h 26 mn 16 s
12. Lebrun	(Honda)	87 h 19 mn 23 s
13. Desheulles	(Hond. 550 XR)	87 h 36 mn 53 s
14. Maîtrot Nicole *(1re femme)*	(Hond. XR 250)	88 h 17 mn 32 s
15. Knuimann	(Yam. XT 500)	88 h 24 mn 36 s
16. Maximovitch	(HVA 250)	89 h 29 mn 28 s
17. Joineau	(Suzuki DR 500)	91 h 20 mn 09 s
18. Shinji	(Suzuki DR 500)	93 h 37 mn 52 s
19. Dayssiols	(HVA 250)	95 h 20 mn 34 s
20. Cornevaux	(Yam. XT 500)	96 h 17 mn 26 s
21. Guyau	(Hon. XLS 500)	96 h 21 mn 51 s
22. Guillet	(Hon. XRR 500)	97 h 06 mn 30 s
23. Fleuw	(Yam. XT 500)	101 h 07 mn 47 s
24. Gerrit	(Yam. XT 500)	101 h 13 mn 59 s

25. Maitrot	(Honda)	103 h 24 mn 15 s
26. Maus	(Yam. XT 500)	103 h 54 mn 35 s
27. De Bavinchove	(HVA 250)	105 h 22 mn 25 s
28. Ertaud	(Yam. XT 350)	105 h 30 mn 19 s
29. Haug-Peschel	(EML 1100)	109 h 49 mn 08 s

Hors Temps

30. Pineau	(Yamaha 500)	113 h 06 mn 30 s
31. Spira	(Yam. XT 500)	115 h 07 mn 23 s
32. Pescheur	(Honda)	119 h 38 mn 26 s
33. Le Bourdon	(Yam. XT 240)	145 h 54 mn 04 s

CLASSEMENT PAR CATEGORIE

Catégorie 1 : Véhicules Série 2 roues motrices jusqu'à 3,5 t

1. Kubota-Uchida	(Toyota Carina)	48 h 23 mn 12 s

Catégorie 2 : Véhicules tout-terrain Série 4 roues motrices jusqu'à 3,5 t

1. Courtois-Cazalière	(Merc. 280 GE)	38 h 11 mn 55 s
2. Costa-Emptas	(Range Rover)	38 h 22 mn 05 s
3. Vasseur-Derbois	(Toyota FJ 45)	45 h 30 mn 03 s
4. Andreoli-Jaxel	(Toyota FJ 45)	45 h 51 mn 32 s
5. Rocques-Bousquet	(Toyota FJ 45)	47 h 23 mn 53 s

Catégorie 4 : Véhicules Série spéciales 4 roues motrices

1. Schachenmann-Pouget	(Toyota Hi-Lux)	35 h 13 mn 45 s
2. Planson-Berry	(Merc. 280 GE)	35 h 40 mn 43 s
3. Simon-Balot	(Range Rover)	36 h 41 mn 33 s
4. Le Gluher-Terrien	(Range Rover)	37 h 42 mn 37 s
5. Tcherniavsky-Lassé	(VW Iltis)	40 h 10 mn 38 s

Catégorie 5 : Véhicules 2 roues motrices - 3,5 t (exclus 1 à 4)

1. Arnoux-Geay	(Buggy VW)	50 h 36 mn 51 s
2. Cotel-Corbetta	(PRV Buggy)	54 h 22 mn 44 s

Catégorie 6 : Véhicules 4 roues motrices - 3,5 t (exclus 1 à 4)

1. Marreau-Marreau	(R 20 Turbo)	27 h 44 mn 55 s
2. Briavoine-Deliaire	(Lada Niva)	29 h 03 mn 52 s
3. Jaussaud-Brière	(Merc. 280 GE)	29 h 27 mn 41 s
4. Lartigue-Destaillats	(Range Rover)	29 h 36 mn 21 s
5. Ickx-Brasseur	(Merc. 280 GE)	31 h 18 mn 59 s

Catégorie 7 : Véhicules utilitaires de plus de 3,5 t

1. Groine-De Saulieu-Malferiol	(M. U 1700 L)	50 h 16 mn 51 s
2. Laleu-Langlois	(M. U 1300 L)	58 h 57 mn 44 s
3. De Rooy-Straetmans	(Daf NTT 2800)	65 h 25 mn 05 s

KM 543.	TYPE SCRATCH.	PAGE 4.
kmt	**kmp**	
		ATTENTION ORNI SUR P.P.
67,0	2,7	TD SUR DIGUE. PASSER SOUS POTOS.TEL.
68,3	1,3	TD DS VILL. SOKOLO. ÉTROIT DS M.S.
68,9 ↓	0,6 ↓	LAISSER PLACE A D. TD.
69,5	0,6	SORTIE DE VILL.+O-V. GARAGE
		LAISSER GARAGE. A G. ET TD.
		DIGUE. SUR LEGER OBLIQUE G.
		PETITE P. DS DS VEGETAΘ.
71,0	1,5	+ P// POSS.
71,5	0,5	" " ORNI.
72,4	0,9	LEGER D ET CUVETTE.
		P.P ÉTROITE, SIN.

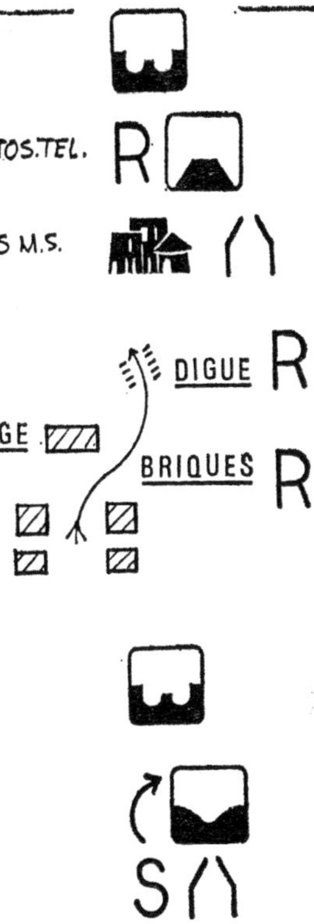

au km 67, faire attention aux ornières sur la piste principale.

sur 2,700 km (partiel) tout droit.

sur une digue avec piste rocheuse (R) sous les poteaux du téléphone.

au km 68,300 traverser la ville de Sokolo. Piste étroite dans sable mou pendant 1,300 km.

au km 68,900 tout droit après la place que l'on prend par la droite.

au km 69,500, sortie de village plus ou moins visible, garage, laisser garage à gauche et tout droit. Digue sur léger oblique gauche, ensuite petite piste dans végétation.

au km 71, sur 1,500 km plusieurs pistes parallèles possibles.

à 71,500 km une ornière.

au km 72,400 sur 900 mètres prendre légèrement à droite dans la cuvette. La piste principale est étroite et sinueuse.

TABLE

Dans la même Collection

Chez le même éditeur

DES VIRAGES ET DES HOMMES

ROGER GICQUEL

Avec la sensibilité que chacun lui connaît, Roger Gicquel nous propose son itinéraire au cœur de la Formule I. Ce livre dévoile le vrai visage des Chevaliers de la Course : leur passion, leurs luttes et leur amour de la vie, que pourtant ils risquent tous les jours.

A côté des pilotes, Roger Gicquel nous fait connaître les mécaniciens, les chronométreuses, les commissaires de pistes..., qui eux aussi partagent une passion et s'y donnent entièrement. Il nous fait rencontrer également les femmes de pilotes, tout aussi passionnées que leurs maris, même quand elles doivent cacher leur peur et leur angoisse.

Roger Gicquel a tenu à dédier son livre à Patrick Depailler, mort, au coin d'un bois, pendant une séance d'essais privés à Hockenheim. Il fallait la pudeur et la délicatesse de Roger Gicquel pour demander que cette mort injuste ne soit pas aussi une mort inutile, en espérant que cesse la lutte fratricide qui a déchiré en 1980 le monde du sport automobile.

PILOTES DE GRANDS CHEMINS

ROGER GICQUEL et JEAN-PAUL RENVOIZÉ

Les « Pilotes de grands chemins » ne sont pas les bandits que l'expression peut sous-entendre, bien au contraire. Ces rallymen ont, comme les pilotes de Formule 1 des « Virages et des hommes » un cœur « gros comme ça ». Un cœur qui bat très fort quand la route leur saute au visage et que l'adhérence se dérobe au bord du précipice. L'esprit chevaleresque est de rigueur sur les 30 000 kilomètres du grand tournoi mondial.

Ce sont ces gens-là auxquels Roger Gicquel et Jean-Paul Renvoizé se sont attachés, après les avoir côtoyés au long de nuits blanches et de périples à travers le monde. Ils ont fait, chacun de leur côté, le Rallye dans le Rallye, ce qui consiste à foncer pour filmer ou rendre compte. Ils se sont racontés à l'étape les savoureuses et parfois dramatiques histoires des « Pilotes de grands chemins », qu'ils soient professionnels ou amateurs. Car ils ont tous cette passion, cette volonté de se surpasser, de pratiquer un sport à part entière, difficile et fascinant, dont la vitesse et l'équilibre sont les piments indispensables.

Un sport, un vrai, où les pratiquants ont en commun le sens de l'effort, de l'obstination, la résistance nerveuse et physique et, chose rare, de la camaraderie.

ACHEVÉ D'IMPRIMER
SUR LES PRESSES DE
LA SIMPED A ÉVREUX
POUR FRANCE-EMPIRE
ÉDITEUR A PARIS

Numéro d'impression : 7188.
Dépôt légal : octobre 1982.